ワードマップ

デザインマネジメント論

ビジネスにおけるデザインの意義と役割

八重樫文・安藤拓生

新曜社

はじめに

どうすればビジネスがうまくいくか、企業や組織をよく経営するためにはどうすればよいか。ビジネスにおいて普遍的なこれらの問いに対して、経営者やビジネスパーソンたちはいつも頭を悩ませている。そして、彼／彼女らは、絶えずビジネス文脈の内外にかかわらず目を光らせ、役に立ちそうなさまざまなリソースを探求し続けている。その飽くなき探求のなかでの光明のひとつとして、これまでに幾度も「デザイン」に白羽の矢が立てられてきた。

「ビジネスにおいてデザインが重要である」という、メディアがあたかも新たな鉱脈を掘り当てたかのように発し、近年私たちがよく耳にするこの常套句は、実は何も今にはじまったことではない。近代デザインの歴史を紐解けばすぐに、ビジネスとデザインはいつも寄り添ってきたことがわかるだろう。とはいえ、デザイン自体には多様な意味と解釈の拡がりがあり、デザインの持つどの側面がビジネスのどの局面において重要かつ有用であるか、その意義と価値は時代と社会の文脈によって変化し続けている。ビジネスにおいてデザインがどのように重要であるか、つまりビジネスにおけるデザインの意義は常に同時代的な問いなのである。この問いに答えるべく、時代と社会の変化を捉えビジネスにおけるデザインの同時代的な意義を明らかにし、それらを企業・組織においてよく活用しようとする分野が、「デザインマネジメント」である。

しかし、いまこのデザインマネジメントに関して私たちが国内でアクセスできる情報源（書籍やＷｅｂサイト・記事など）にある内容は偏り、かなり歪《いびつ》な状態にある。デザインマネジメントに関する知も、当然のことながら他分野と同様に、学術的理論と社会的実践との相互作用において生起するはずであるが、私たちが現在得られるデザインマネジメントに関する情報は、先進的な社会的実践事例の紹介やその主観的な考察がほとんどで、その理論体系を俯瞰的に紹介するものは少ない。よって現在のところ、初学者や意欲的な読者が、体系的にこの分野を理解できる機会は非常に限られてしまっている。これは、デザインマネジメントに関わる言説を構成するネットワーキング自体が、現在のところ実践者主体で構成されており、そこに理論体系を俯瞰的に展望する役割を担う研究者が少ないことに起因している。

学術的に見ると、デザインマネジメントは経営学を主な基盤とし、その視座からデザインを捉える経営学とデザイン学を横断する学際的な領域である。その学際性ゆえ、教育や学習機会、業績・キャリアを積む場も限られ、国内では研究者がまだ少ない。そのため研究の蓄積が進まず、国際的に比して未熟であることは否めない。組織的な研究推進も十分ではなく、個々の研究者がその興味関心に則して個別に研究を進めているため、国内で紹介される（日本語でアクセスできる）この分野の研究知見は、俯瞰的・体系的ではなく断片的で偏りがある。よって現在国内では、世界の多様なデザインの思考方法やその知見がビジネスに対して十分に還元・流通されておらず、デザインマネジメントの知見が十分に社会的に共有されていない。

本書は、これらのデザインマネジメントに関する国内の状況の歪みを是正すべく、積極的に国際的な研究成果を参照しながら、また同時に広くデザイン学やデザイン研究を照射することを念頭に置いた39のキーワードの解説を通して、理論的視座からデザインマネジメントの体系を俯瞰することを目指したものである。執筆にあたっては、初学者や専門的な知識を持たない一般的な読者を想定して、丁寧な内容構成と記述を心がけたつもりである。

「I　デザイン価値と組織能力」では、経営学の視座から捉えたデザインの態様を解説している。デザインマネジメントでは、「デザインとは何か」というデザイン学の基礎的で深遠な問いに対して、「組織」という側面からデザインを捉え、答えようとする。デザインの意味と対象の拡がりがその定義の輪郭を曖昧にしている現在、「デザインとは何か」という問いへの現代的なひとつの答えをI章にて読み解くことができるだろう。

「II　デザインと技術の相互作用」では、近年注目されるイノベーションに関わるデザインの位置づけを、主に製品の技術と意味の関わりの観点から解説している。

「Ⅲ　戦略的デザイン」では、組織においてデザインが持つ力を戦略的に活用するための具体的な知見について解説している。

「Ⅳ　デザイン理論」では、デザインマネジメントの発展可能性を検討するために、広くデザイン学やデザイン研究を照射しデザインの理論的整理を行っている。

「Ⅴ　デザインの思想・態度・文化」では、デザインマネジメントやデザイン学分野だけに収まらない、デザインマネジメントを理解し読み解くための基礎となる概念について解説している。現在日本のビジネス界で強く求められているのは、デザイナーやデザイン部署に限定されるようなデザインに関する狭い専門的な技術や知見だけではなく、ビジネスパーソンが一般に持つべきデザインの志向性・態度的側面であり、Ⅴ章はその理解に貢献するだろう。

キーワードの選択に際しては、デザインマネジメントに関する国際的な学術機関・プロジェクト[1]、国際会議[2]、論文誌[3]における議論の動向を精査し、本分野における国際的な最新の知見および、それらを理解するための基本概念の整理を行うことにより検討した。

動的な実践知が先行するこの分野において、今後も日々新たな概念やキーワードが生み出されて行く可能性は非常に高い。ということは同時に、私たち自身が新たな概念やキーワードを生み出していける可能性が高いことも意味する。特に、海外の実践や研究成果に頼るばかりではなく、今後日本から新たな知見を生み出していくことが

[1] DMI: Design Management Institute, DMA: Design Management Academy, Design Research Society, Design Thinking for Business Observatory など。

[2] ADMC: Academic Design Management Conference, CADMC: Cambridge Academic Design Management Conference, 4D (Designing Development, Developing Design) Conference, R&D Management Conference など。

[3] *Design Management Journal, Design Management Review, Design Issues, Design Studies, Journal of Product Innovation Management* など。

必要であろう。この分野の将来的な発展を考えると、本書の内容は固定化された古典となるものではなく、常に新たな概念が更新されアップデートされていくものとなるのが理想である。よって、本書は読者に単に読まれるだけのものにとどまらず、この先読者がこの分野の研究や実践に加わり、本書に新たな概念を書き加えていく立場となるような、本書をきっかけにした読者から筆者への転回が実現されるなら、私たち現筆者はとても幸せである。デザインマネジメントを発展させる新しいことばの生起に期待したい。

最後に、筆者らの趣意に積極的な賛同をいただき、本書を完成まで導いていただいた新曜社の塩浦暲氏、産学共同研究の推進において共にデザインマネジメントの理論的基盤の未整備に直面し、本書内容整理のための助言と支援をいただいた株式会社フアイブ・シーズの西尾守史氏、野崎宏氏ならびに立命館大学ＤＭＬの宮崎聡氏に、ここで改めて感謝申し上げる。

２０１９年５月

八重樫文
安藤拓生

デザインマネジメント論——目次

はじめに　i

Ⅳ　デザイン理論

Ⅴ　デザインの思想・態度・文化

装幀＝加藤光太郎

I　デザイン価値と組織能力

I−1

デザインマネジメント

——新たな経営資源としてのデザイン

2000年代以降の世界経済は、**VUCAワールド**と呼ばれている。VUCAとは、変動性（Volatility）、不確実性（Uncertainty）、複雑性（Complexity）、曖昧性（Ambiguity）の頭文字をとったもので、先行きが予測できない不安定な状況のことを指している。[1] 企業を取り巻く環境は不安定で変化が激しく複雑化しており、何が成功の要因となるかが曖昧な世界へと推移している。このような環境下では、新たなビジネスモデルや技術的なイノベーションを実現することができたとしても、市場は急速に成熟、陳腐化してしまい、長期的な競争優位を築くことは非常に難しい。企業がこれまでのように利益を上げていくためには、継続的に魅力的なビジョンやシナリオを描き、新たな価値を自らが定義し、人々に届けていくことが求められる。

このような状況の中、ビジネスのさまざまな分野で**デザイン**の考え方に注目が集まっている。デザインとは、単に製品の色やカタチ（意匠）を操作することだと思われがちであるが、実際には頭の中のアイデアを多くのアクターの利害関係を調整しながら折衝を重ねて、意味あるかたちに構築していく「綜合」の性質を強く持つ行為で

[1] Bennet, N. and Lemoine, G. J. (2014) What a difference a word makes: Understanding threats to performance in a VUCA world, *Business Horizons*, *57*(3), 311-317.

ある。このようなデザインの側面は、不確実で曖昧な状況を受け入れ、むしろ楽しみながら最適な解決策を見出していくデザイナーのマインドセットを反映している。[2]

さらに、アイデアをより多くの人々に届けるためには、広い意味でのデザインという行為を組織的に行っていかなければならない。このデザインの組織的な部分について、効率的・効果的な遂行を可能にすることが、**デザインマネジメント**の目的である。

そもそもデザインマネジメント研究の発祥は、デザインマネジメント研究者、マイケル・ファー[3]が1960年代のイギリスにおけるデザイン代理店の研究において、その独特のプロジェクトマネジメント手法について言及したことにあるとされている。当初の研究の関心は、デザインという創造的な産物を効率的かつ継続的に生み出すために、これをどのように管理するかというプロジェクトマネジメントの観点や、企業の製品デザインがどのようになされるのかといったプロセスを明らかにすることにあった。

1980年代に入ると、製品のスタイリングや企業理念（コーポレート・アイデンティティ）の視覚化の重要性が社会に認知されはじめ、デザインは他社との差別化を図るための資源として注目を集めるようになる。1990年代には、デザインの可視化技術に注目が集まり、**プロトタイピング**[4]を通して企業内部の異なる部門のコミュニケーションを促進し、製品開発効率を高めることが明らかになった。以降、デザインは組織の内側の相互理解を促進・統合する役割を持ちはじめる。さらに2000年代に

[2]「V-9　デザイン・アティテュード」参照。

[3] Farr, M. (1965) Design management: Why is it needed now? *Design Journal, 200*, 38-39.「I-2　デザインマネジメント・モデル」参照。

[4]「V-6　プロトタイピング」参照。

入ると、特にイノベーションの必要性が叫ばれた背景から、その思考方法[5]や方法論自体への関心が高まっていった。その後のビジネス環境の推移によって、現在ではサービスやビジネスモデルといった無形物を対象としたデザインにも注目が集まり、これに従って欧州や米国を中心に、企業の戦略的な観点から多くの研究がなされている。

デザインマネジメントは、主に二つのコンセプトを包含している。一つは、**デザインプロセスのマネジメント**である。デザインマネジメントの考え方では、デザインプロセスとは単に製品製造におけるデザイン（意匠設計）のプロセスを指すものではなく、研究開発、マーケティング、インダストリアルデザイン、エンジニアリング、製造といった多部門を統合する、分野横断的な性質を持つものとして捉えられる。新たな価値の探求から製品を製造して社会に提供するまでの企業の一連の活動を一つのデザインプロセスと捉える。

そしてもう一つは、**デザインの考え方を用いた組織のマネジメント**である。デザインマネジメントを効果的に実行するためには、プロセス全体をマネジメントすることと同時に、組織成員にデザインの考え方を浸透させ、組織にデザインの文化を形成していく必要がある。

デザインの組織への浸透過程には四つのステップがあるとされ、**デザイン・ラダー**（梯子）と呼ばれるモデルで説明される。[6]

デザイン浸透過程のステップ1は、デザイナーを活用していない**デザインの未導入**

[5]「Ⅲ－10　デザイン思考」参照。

[6] Kretzschmar, A. (2003). *The Economic Effects of Design*. Danish National Agency for Enterprise and Housing.

（Non-Design）の段階である。この段階では、社内にデザインに関する担当者を持つことも、製品開発にデザイナーが参加することもない。デザインに対する意識の低い企業の多くは、この段階にとどまっていると言える。

次に、ステップ2は、**製品意匠としてのデザイン**（Design as form-giving）の段階である。この段階にある企業では、製品デザインにデザイナーが携わり、主に製品のスタイリングを担当する。組織において公式にデザインの活用がなされている一方で、デザイン活用は製品意匠のみにとどまる。

ステップ3は、**プロセスとしてのデザイン**（Design as process）の段階である。この段階にある企業では、「デザインは成果ではなくプロセスである」ということが広く理解されて、製品開発プロセス全体にデザインの考え方が活用される。この段階では、デザインマネジメントの考え方が広く浸透していると言える。

最後のステップ4は、**戦略としてのデザイン**（Design as strategy）の段階である。デザインマネジメントの最上位の目的は、企業の全社戦略にデザイン資源を組み込むことである。製品開発だけでなく、新たなビジネスモデルや企業のビジョンを、デザインの考え方から変革する。

このように、デザインマネジメントを成功に導くためには、デザインプロセスをマネジメントする視点と、デザインの考え方を用いた組織マネジメントの二つの視点を取り入れることが重要である。

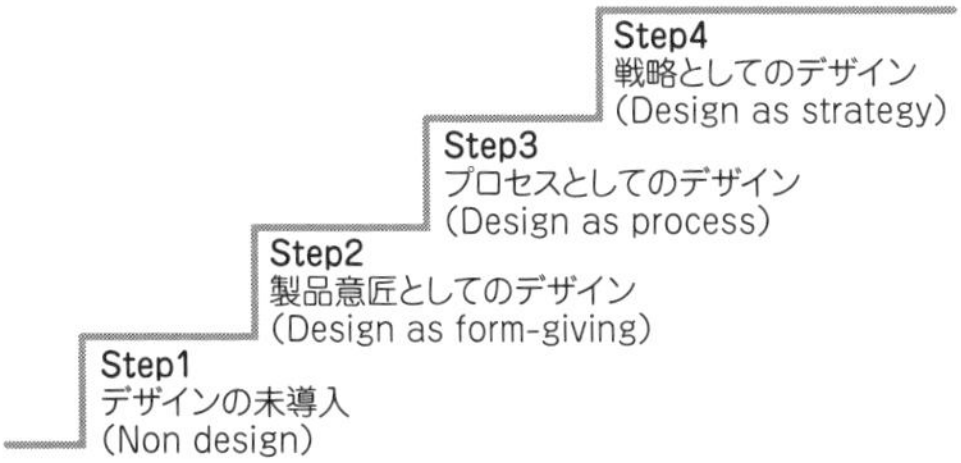

図Ⅰ-1　デザイン・ラダー・モデル（Kretzschmar, 2003）[6]

I－2

デザインマネジメント・モデル

——創造性を高める組織デザイン

新製品やサービス、事業、イノベーションの創造を可能にするための組織はどのようにデザインされるべきか。この問いに対してこれまでは、起業家であれば企業家精神、技術者やデザイナーであれば**創造性**[1]といったように、個人の資質や能力に焦点を当てて説明されることが多かった。しかし、これらのイノベーションや新製品開発は、実際には極めて「組織的」に行われているということを見落としてはならない。なぜなら、多くのイノベーションの失敗は、**組織デザイン**[2]の失敗によるところも大きいからである。

組織デザインは、組織構造と組織を取り巻くコンテクストの二つの要素を考慮して行われる。**組織構造**とは、事業部の配置や連携のあり方のことである。一方、組織を取り巻く**コンテクスト**とは、組織内外の環境や組織間の関係、情報・生産技術、組織文化といった、組織の構造に影響を与える諸要因を指す。組織構造とコンテクスト要因、そして戦略が組み合わさることによって、組織デザインがなされる。これらの要素の適切なバランスを生み出し、最終的に個人の創造的活動の促進につなげるこ

[1]「V－4　創造性」参照。

[2]「I－6　組織デザインと人的資源管理」参照。

とが、組織デザインの目的である。

デザインマネジメント[3]においても、組織デザインは重要な視点である。1960年代に、マイケル・ファー[4]は、デザインマネジメントを「デザイン課題を定義し、それに最も適したデザイナーを見つけ、時間と予算の範囲内で彼らがそれを解決するように（マネジメント）すること」と定義した。この概念が提起されてから現在まで多くのマネジメントモデルの検討が行われている。

デザインマネジメントを効果的に実行するための組織デザインに関するレビューを行ったアクリンとフスト[5]は、**デザインマネジメント・モデル**の変遷を年代別に整理し、以下の四つにモデルを分類している（表Ⅰ-1）。

①シンプル・ベイシックモデル

シンプル・ベイシックモデルは、1960年代にデザインマネジメントの初期の研究において提案されたものである。企業は、新製品開発やコーポレート・アクティビティの一部にデザインを効果的に導入するためにデザインマネジメントを導入する。

②インテグレーションモデル

インテグレーションモデルでは、トップ・ミドルマネジメントから実行までの各組織レベルにデザインを導入し、ブランドデザイン、コーポレートデザイン、新製品開発といった企業活動にデザインを「インテグレート（統合）」する。このモデルでは、主に計画と部門間のコーディネーションの二つの活動にデザインマネジメントの知見

[3]「Ⅰ-1 デザインマネジメント」参照。

[4] Farr, M. (1965) Design Management. Why Is It Needed Now? *Design Journal*, *200*, 38-39.

[5] Acklin, C. and Fust, A. (2014) Towards a dynamic mode of design management and beyond. *Proceedings of 19th DMI: Academic Design Management Conference*, 1908-1920.

[6]「Ⅰ-3 デザインマネジメント・ケイパビリティ」参照。

[7]「Ⅲ-10 デザイン思考」参照。

[8]「Ⅰ-7 デザインプロセスとアントレプレナーシップ」参照。

が活かされる。

③ダイナミックモデル

ダイナミックモデルは、**デザインマネジメント・ケイパビリティ**[6]を中心にしたモデルである。このモデルでは、デザインのプロセスや考え方を組織に浸透させることによって組織の資源を組み替え、デザインによる組織の「転換（transformation）」を図る。**デザイン思考**[7]やそのプロセスを取り入れ、デザインを経営資源とした組織のダイナミクスを主張するモデルである。

④アントレプレナーモデル

アントレプレナーモデルは、スタートアップ等で見られる、**デザイナーと起業家の協働**[8]を表したモデルである。このモデルにおけるデザインの役割は、起業機会の特定と創造である。デザイナーはデザインの知識を用いて、ビジネス機会の探索（exploration）とアイデアの活用（exploitation）の両方に携わる。

表Ⅰ-1　デザインマネジメント・モデルの分類（Acklin and Fust, 2014[5]）

モデル	シンプル・ベイシックモデル	インテグレーションモデル	ダイナミックモデル	アントレプレナーモデル
ゴール	効果的で効率的なデザイン（プロジェクトの）マネジメント	各部門に渡るタッチポイントの組織化	デザインによる「転換（transformation）」	新たなビジネス機会の探索
モード／態度	選択的なデザインの活用	統合されたデザイン	デザインによる転換	デザインによる探索と活用
組織プロセス	新製品開発、ブランドデザインに関するデザインプロジェクト	顧客体験の創造に貢献するすべてのプロジェクト	戦略・イノベーションマネジメント、プロセスのデザイン、マネジメントの転換	戦略的マネジメント、戦略レベルのデザインマネジメント
デザイン能力	デザイナーの獲得とブリーフィング プロジェクトマネジメント・評価	計画、コーディネーション、方向付け、デザインの浸透	組織能力のデザイン 組織編成、リソースの設定・形成	創造、再認識、評価、機会の探索
実践者	マーケッター、プロダクトマネジャー、デザインマネージャー	デザインマネージャー	デザインリーダー、マネージャー、シニアマネージャー	デザインリーダー、マネージャー
経営戦略への貢献	製品の改善・スタイリング	一貫したポジショニング	戦略的柔軟性と競争優位	新規ビジネスセグメント、ベンチャー、スピンオフ
代表的な文献	Farr, 1965 [4]	Cooper and Press, 1995 [9]	Borja, 2003 [10]	Acklin and Fust, 2014 [5]

これらのモデルは、経営学におけるマネジメントモデルの進化とデザインに求められる価値の推移を表している。初期のプロジェクトマネジメントから部門間調整、リソースを中心としたモデルへの転換を経て、イノベーション、ビジネス創造といった観点にまでその活用は及んでいる。

[9] Cooper, R. and Press, M. (1995) *The Design Agenda*. England: John Wiley & Sons.

[10] Borja de Mozota, B. (2003) Design strategic value revised: A dynamic theory for design as organizational function. In R. Cooper, S. Junginger, and T. Lockwood (Eds.), *The Handbook of Design Management*, New York: Berg.

Ⅰ－3

デザインマネジメント・ケイパビリティ ——継続的な競争優位の源泉

企業経営において、ある特定の企業が継続的に競争優位を保つことができている理由を、**組織のケイパビリティ**（organizational capability）に求める考え方がある。ケイパビリティとは、「（あることが）できる」という動的な能力を指す言葉である。ケイパビリティという概念定義は、福祉厚生経済学の分野において、経済学者・哲学者であるアマルティア・セン[1]によって、人間の自由や能力の平等性を説明する「潜在能力」（人が選択できるさまざまな機能の組み合わせる能力）として提起された[2]。

それに対して、経営学分野においてケイパビリティという言葉を用いる場合は、組織の「遂行能力」（企業の持つさまざまな経営資源を組み合わせて使いこなす能力）が対象とされる。これは、組織内のさまざまな活動を調整するプロセスを通じて実行されるものであり、加えてそれを成すためのスキルを複合したものや、そこから得られる学習を指す。これとよく似た概念にコンピタンス（competence）があるが、これはより静的な能力のイメージで、たとえば技術力や企画力など、具体的なタスクを達成するための経営資源を指す言葉として用いられる場合が多い。

[1] Amartya Sen. 1933年生。インドの経済学者、哲学者。政治学、倫理学、社会学にも広範な影響を与え、1998年ノーベル経済学賞受賞。

[2] Sen, Amartya K. (1985) *Commodities and Capabilities*. North-Holland.（鈴村興太郎訳（1988）『福祉の経済学——財と潜在能力』岩波書店）

デザインマネジメント[3]においてもこのケイパビリティを発揮することが求められており、**デザインマネジメント・ケイパビリティ**（Design Management Capability）の概念化が行われている。しかし、この概念は若干複雑で、トートロジー的でもある。なぜなら、デザインをコンピタンスのように静的な経営資源の一つとして捉えればこれを管理・活用する能力であると理解できるが、**デザインの行為的側面**に着目すれば[4]、デザイン自体をさまざまな資源を用いて状況を変化させるケイパビリティに似た能力として捉えることも可能だからである。

まず、デザインを静的な経営資源として見る場合、具体的なタスクを達成するためのスキルや能力、そのプロセスを管理する能力がこれにあたる。

たとえば、パークスら[5]は、デザインマネジメントを新製品開発の文脈から捉え、製品開発プロセスの各段階・レベルにおいてデザイナーやデザインマネジャーがどのように振る舞い、どのようなスキルを駆使しているかを分析している。この研究では、企業でのデザイナーの活動を、①デザインスペシャリスト、②多機能型チームの一員、③新製品開発のリーダーの三つに分けている。このような各レベルでのデザインプロセスを管理する能力がデザインマネジメント・ケイパビリティとなるが、これは静的でルーティン的なケイパビリティの側面を表している。

一方、デザインを行為の側面から見る場合は、デザイン能力を外部環境の変化に対応する組織能力として捉えることができる。１９９０年代までの戦略論は、マイケ

[3]「Ⅰ－1　デザインマネジメント」参照。

[4]「Ⅳ－1　問題解決行動としてのデザイン理論」参照。

[5] Perks, H., Cooper, R. and Jones, C. (2005) Characterizing the role of design in the new product development: An empirically derived taxonomy. *Journal of Product Innovation Management*, 22, 111-127.

ル・ポーターの「ポジショニングアプローチ」、ジェイ・B・バーニーの「資源アプローチ」のように、比較的安定した市場環境を前提にした理論が展開されてきた。しかし、1990年代以降の変化の激しい企業環境に焦点を当てた、継続的な競争優位の理由をこれらの理論で説明することは難しい。そこで戦略論の研究者であるデイヴィッド・ティース[6]は、戦略論の新たな視点として、**ダイナミック・ケイパビリティ**(Dynamic Capability)の概念を提唱した[7]。これは、持続的競争優位を実現するために、新しい機会を感知・捕捉し、知識資産・ケイパビリティ・補完資産の再配置・保護を実行するメタ能力を指す。

またイェヴナーケル[8]は、①適切なデザイン資源を獲得し管理する能力、②デザイン資源を構成する能力、③組織学習能力、④イノベーション能力、⑤経営戦略にデザインを結びつける能力、⑥デザイン主導の競争優位を保護する能力、の六つの要素がデザインマネジメント・ケイパビリティにあたるとしており、デザイン資源を管理する能力以外の能力がそこに含まれていることが確認できる。また、アクリン[9]の定義によれば、デザインマネジメント・ケイパビリティは、①競合他社に対し創り出す資源と、②ダイナミックで柔軟な組織へと変化させる組織能力、の二つがある。この研究では、それまでプロダクトデザインやデザインマネジメントを未導入であった中小企業が、どのようにして新しいデザイン知識を取り入れていくのかに焦点が当てられており、新たな能力の獲得をそのケイパビリティに含めている。この場合、デザインマ

[6] David J. Teece. 1948年生。ニュージーランド出身のアメリカの経営学者。

[7] Teece, D.J., Pisano, G. and Shuen, A.(1997) Dynamic capabilities and strategic management. *Strategic Management Journal, 18*(7), 509-533.

[8] Jevnaker, B.H. (1998) Building up organizational capabilities in design. In M. Bruce and B. H. Jevnaker (Eds.) *Management of Design Alliances: Sustaining Competitive Advantage*. John Wiley & Sons.

[9] Acklin, C.(2013) Design management absorption model: A framework to describe and measure the absorption process of design knowledge by SMEs with little or no prior design experience. *Creativity and Innovation Management, 22*(2), 147-160.

ネジメント・ケイパビリティは、デザインを組織に適合させ、イノベーションや付加価値を生み出す目的で適切にデザインリソースを展開するダイナミックな組織能力である。

デザインをケイパビリティとして見る研究は、デザイン主導型企業のトップマネジメントの役割の重要性を指摘する**デザイン・リーダーシップ**[10]の研究領域で蓄積されてきたが、デザイン思考等[11]の広がりによって、組織のさまざまなレベルの実践を通してケイパビリティが形成される可能性が示されている。

[10]「I－5　デザイン・リーダーシップ」参照。

[11]「III－10　デザイン思考」参照。

Ⅰ-4

デザインと組織文化

――プロフェッショナル文化の交差点

組織には、マネジャー、マーケター、エンジニア、研究者、そしてデザイナーなど、さまざまな専門性を持つ者たちが集まっている。これらの職業は組織の方向性やビジョンを共有しつつも、それぞれ異なった価値観や態度を持っている。[1]

個人の判断基準は、自分が属していると考える社会的な集団から強く影響を受ける。この拠りどころとなる集団は、**準拠集団**（価値観や態度、行動などに強い影響を与える集団）と呼ばれる。たとえばこれには家族や学校のグループなど、自分が帰属意識を感じる社会的な集団があてはまる。さらに、デザイナーのような専門的職業に属する**プロフェッショナル**の場合は、専門的職業のグループや集団に帰属意識を感じていることが多い。プロフェッショナルは、学校や職業団体、メディアを通して、その専門性の土台となるような思想や文化、志向性といったものを共有している。たとえば、グレゴリー[2]による調査によれば、シリコンバレーの組織に所属するプログラマーには共通した文化、信念、態度が形成されていることが明らかになっている。

このような視点に立てば、組織とはさまざまな文化が交差する場所であり、組織成

[1]「Ⅴ-9 デザイン・アティテュード」参照。

[2] Gregory, K. (1983) Native-view paradigms: Multiple cultures and culture conflicts in organizations. *Administrative Science Quarterly*, 28, 359-376.

員の持つ価値観の対話が行われる場であるとも考えることができる。たとえば、組織文化研究においてマーティン[3]は、**ネクサス**（Nexus：結節）という概念をあげている。ネクサスとは、組織内外のさまざまな影響のインタラクションのポイントのことである。組織文化とは文字通り組織という境界内にある文化のことであり、組織自体の持つ独自の文化と、専門職内で共有されている文化に分かれる。それぞれ一方だけが存在するというわけではなく、ほとんどの場合はこれらの両方が結びついたものとして形成される。そしてこのような結びつきの有り様が、組織ごとに異なる文化の独自性を形成しているのである。

それでは、デザイン組織の文化は具体的にどのようなものだろうか。デザインのプロフェッショナルの持つ文化を明らかにしたミヒレウスキ[4]は、次の五つの要素を指摘している（彼はこの専門家の文化こそが**デザイン・アティテュード**[1]であるとしている）。

①不確実性・曖昧性を受け入れる

デザイナーは、新しく独創的なものをつくりあげたとしても、それが成功する保証はないということをよく知っている。本当に創造的なプロセスは継続的なものではなく、複雑性が高く、扱いにくいものである。彼／彼女らはマネジメントのフレームワークに頼らず、一見十全のように見えるプロジェクトのプロセスを常に疑う。多面的で複雑な現実を上手に切り抜けることに長けており、恐れず確信を持って新しい知識を獲得していく。このような態度は、**ブレークスルー**を促すアイデアをもたらし、イ

[3] Martin, J. (2002) *Organizational Culture: Mapping the Terrain*. Sage.

[4] Michlewski, K. (2015) *Design Attitude*. Gower Publishing.

ノベーションの土台をつくる。

②深い共感に従う

ユーザーの生活への**共感**を得るには、そこに飛び込む勇気と正直さが必要であり、持っている固定観念やメンタルモデルを捨てなければならない。このような姿勢は、顧客やユーザーが直面している問題についてよく知っていると自負している人や、完全に主観的な感想を持つ人、専門家的で謙虚さを持っていない人々のそれとは異なる。デザイナーはユーザーに関して、すべての答えを知っているふりをしない。彼／彼女らは固定化されたツールに制限されず、代わりに直感を用いることで、ターゲットとなる顧客について可能な限り深く共感する。ビジネスのために抽象化された存在としてではなく、デザイナーは消費者を現実に存在する生活者として扱うことを重んじる。

③五感をフル活用する

デザイナーは視覚と聴覚といった二つの感覚だけでは、心の底から人々を魅了するモノをつくることはできないことを知っている。良いブランドや経験は、神経伝達を通して多くの感覚に訴えかけている。デザイナーはよりよいソリューションを創出するために、意識的にも無意識的にも**多くの感覚を駆使**している。人間の中に深く根付き、客観的に存在する羅針盤でもある「美」の感覚を用いるという態度は純粋で、多くの人に開かれている。マネジメントに関するプロフェッショナルと異なり、デザイナーは驚きや喜び、本当の感情をつくるために、自ら複雑性に飛び込む。

④遊び心をもってものごとに息を吹き込む

イノベーティブなプロセス、対話の中に牽引力を持たせるために、デザイナーは**遊び心**や**ユーモア**の中にある、根本的な理解を覆す力を信じている。彼／彼女らはしばしば、他のプロフェッショナルからはばかばかしいとさえ思えるような根本的な質問を重ね、政治的に繊細な問題にも脅かされることなく、ものごとの凝り固まった考え方に挑戦する。このような態度は、デザインの介入が世界中のＮＧＯや行政組織に見られるようになった理由の一つでもある。

また、デザイナーは早い段階から**プロトタイプ**を通して議論することを重視し、これがものごとを前に進めるための最も有用な方法だと信じている。プロダクトやサービス、未来のシナリオを可能な限り早く作成し、創造的なマニフェストを打ち立てることは、組織のあり方を決定するのにも効果的である。

⑤複雑性から新たな意味を創造する

デザイナーは、ものごとを考えるためのまったく新しい枠組みを生み出すために、矛盾する多様な視点や情報に着目し、調和させる。ビジネスにおいて戦略を立てることは重要であるが、それらに関する既存の方法と、製品やサービス、経験、システムといったまったく異なる要素を首尾一貫した形としてまとめあげることとはまったく別ものである。デザイナーはさまざまな異なるレベルで、一つの価値のあるものをつくるためにこれらを調和させようと努力する。

Ⅰ－5

デザイン・リーダーシップ

――デザインマインドの浸透

デザイン主導型の企業の持つ強みの一つは、組織の中にデザインの文化が形成されていることにある。たとえばアップルやＢＭＷ、ナイキのような優れたブランド価値を形成している企業は、「デザインマインドが浸透（Design-Minded）」した、デザイン志向性の高い組織を構築しているとされている。[1]

このデザインマインドという言葉は、主に企業のトップマネジメントなどのリーダーとなる人材が持つ「デザインごころ」のような、デザインの考え方に対する心持ちや素養という意味で用いられる。デザインマインドを保有し、組織にデザインの考え方を伝播させるマネジャーは稀有な存在であり、彼らが発揮するリーダーシップの中身に対する関心が高まりつつある。

このような流れの中、**デザインマネジメント**[2]研究では、２０００年代から**デザイン・リーダーシップ**（Design Leadership）という概念が提唱され、その特性の検討がなされてきた。たとえば、この分野の先駆的な研究者であるアラン・トパリアン[3]は、デザイン・リーダーシップとは、「デザインリーダーが積極的に未来のシナリオを描

[1] Lockwood, T. (2009) Transition: How to become a more design-minded organization. *Design Management Review, 20*(3), 29-37.

[2] 「Ⅰ－1　デザインマネジメント」参照。

[3] Alan Topalian. ロンドンのアルト・デザインマネジメントのプリンシパルコンサルタント。

き、組織にデザインという『働き』を根付かせることで、創造性を育むこと」であるとしている[4]。また、ターナーとトパリアン[5]は、デザイン・リーダーシップとは、①未来を描くこと、②戦略的意思を表明すること、③デザインへの投資を指揮すること、④コーポレート・レピュテーション（評判）を管理すること、⑤イノベーションを生む土壌をつくり・育むこと、⑥デザイン・リーダーシップを訓練すること、という六つの要素に、それぞれ意識的に取り組むことであるとしている。

では、デザイン・リーダーシップを通して発揮される能力は、さまざまな分野に携わるプロフェッショナル・デザイナーの持つ能力とどのように異なるだろうか。このテーマを扱ったものに、ミラーとモートリー[6]の研究がある。彼らは企業のデザインディレクター、デザイン部門長、シニアデザイナー等のマネジメント職につくデザイナーに対して、簡単な実験を行い、これを調べた。実験の内容は、①事前に先行文献から集められたデザイナー、デザインマネジャーに特徴的であるとされるスキルが書いてあるカードを用意し、調査協力者に確認してもらう。②協力者は、自身の現在のポジションに基づき、それらのカードの重要度を点数（1〜10）で評価する。さらに、関係性の深いカード同士を近づけるようにカードをマッピングする、というものである。

この実験の結果では、デザイン・リーダーシップに関連するスキルのスコアは、インスパイア（Inspire）が9・75、想像（Imagine）が9・50、動機づけ（Motivate）、理

[4] Topalian, A. (2011). Major challenges for design leaders over the next decade. In R. Cooper, S. Junginger and T. Lockwood (Eds.) *The Handbook of Design Management* (379-397). Oxford, UK: Berg.

[5] Turner, R. and Topalian, A. (2002) Core responsibilities of design leaders in commercially demanding environments. *Design Leadership Forum Inaugural Session*, London.

[6] Miller, K. and Moultrie, J. (2013) Understanding the skills of design leaders. *Design Management Journal*, *8*(1), 35-51.

想を描く（Envision）が9・00と高い平均値を示した。一方で綜合（Synthesize）、分析（Analyze）、観察（Observe）といったデザイン職に必要だと思われるスキルの点数は低く、ポジションによって異なる専門性が必要とされることが明らかになった[5]。

このようなリーダーシップの発揮は、シャープの創業者・早川徳次氏、ホンダの本田宗一郎氏による国内のデザインマネジメント実践にも見ることができる。

シャープの創業者の早川徳次氏は、シャープという企業の方向性を決定付けるほどの強いビジョンを持っていた。戦前からシャープペンシル、徳尾錠[7]といった多くの「ハイカラ商品」を開発してきた早川氏は、「事業は常に新しいアイデアで、他より一歩先にと新分野を開拓していかなければとうてい成功は望めない」という考えを持っていた。こうした他社に先駆けて商品デザインを行う姿勢は、鉱石受信機（ラジオ受信機）、戦後の国産テレビ受信機の開発につながった。このようにシャープには、より早く市場の動向に対応するための未来を展

[7] 穴がなくても自在に長短を調節して締められるスマートなベルトのバックル。早川徳次は新案特許を取得し、大量に売れたことをきっかけに、独立開業した。

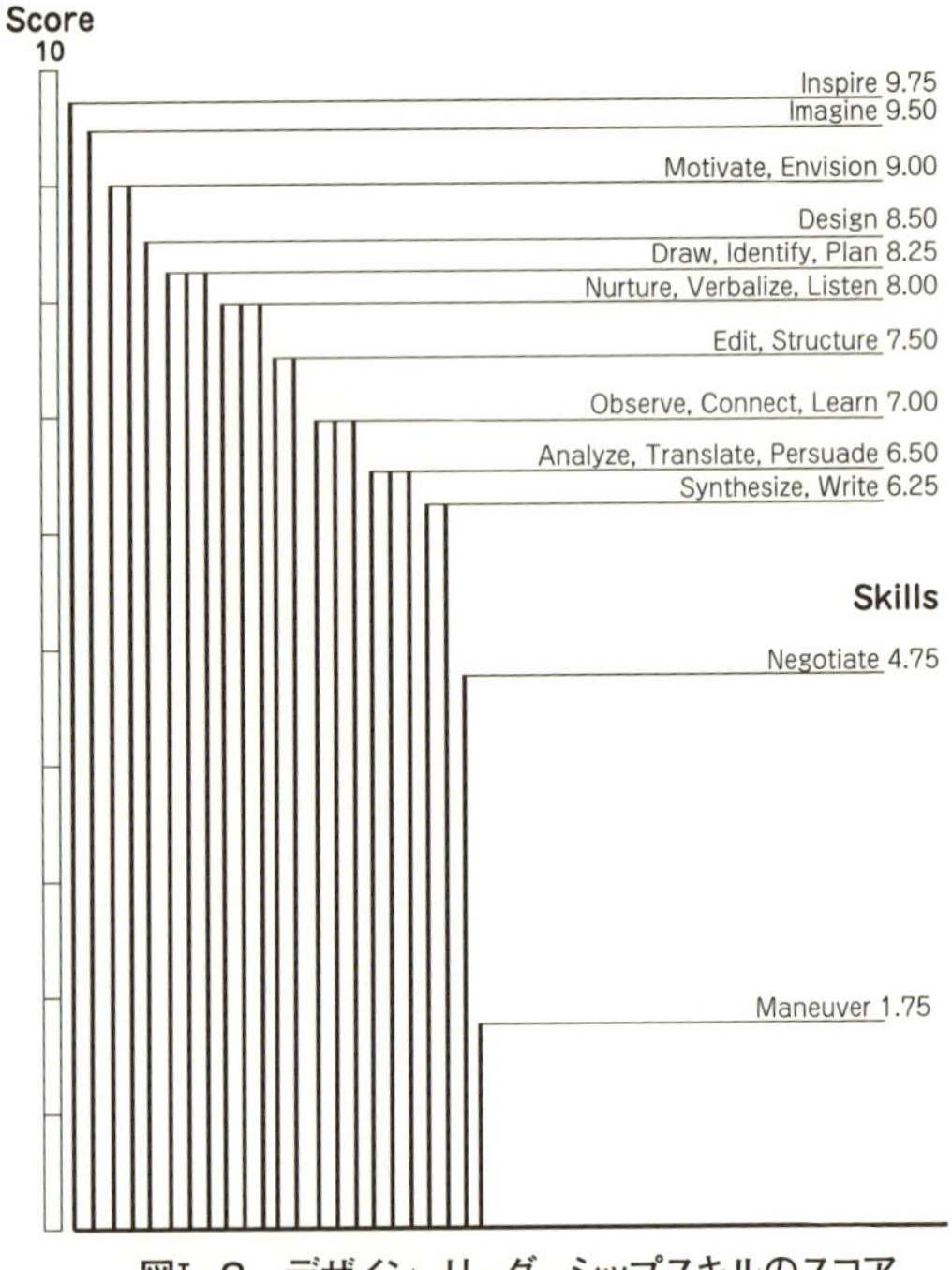

図I-2　デザイン・リーダーシップスキルのスコア
（Miller and Moultrie, 2013[5]）

望する能力があり、それには創業者早川氏のデザインマインドが強く影響している。[8]

また、黎明期のホンダ・デザインは、本田宗一郎氏本人の手から生み出されたものである。ホンダの創設当時から数年間は、ホンダ製品のデザインはすべて同氏が行っていた。同氏は、「使いやすいデザインであると同時に、つくりやすいということも条件である。ただし、少々つくりにくくても、みんなこの方がデザイン的にいいんだというなら、やはり売れることが条件になるから、つくりにくいことは忍ばなければならないこともあり得る」と述べている。[9] ホンダの優れたエンジンとそれを活かすデザインを生み出したのは、技術者であると同時にデザイナーでもあった同氏のデザインマインドが強く影響しているのである。[10]

特に、デザイン志向性の高い組織を生み出すためには、こうしたマインドを持つトップマネジメントの存在は非常に重要である。なぜならリーダーが戦略的ビジョンを追求し、トップダウン的にそれを浸透させることは、組織変革にとって重要な役割を担っているからである。

ただし、トップマネジメントのスター性に依存するだけでは十分ではない。特に大規模な企業組織の場合は組織の硬直化が起こりやすく、トップマネジメントにとってもその変革は容易ではない。デザインの文化を組織に浸透させるには、リーダーだけでなく、各部門に組織変革を促す**媒介者**（catalyst）のような存在を増やしていくことも必要である。[11]

[8] 長沢伸也・岩倉信弥・岩谷昌樹（2005）「デザイン・マネジメントとデザイン・マインド」日本デザイン学会第52回研究発表大会, 18-19.

[9] 本田宗一郎（1996）『俺の考え』新潮社

[10] 岩倉信弥・長沢伸也・岩谷昌樹（2001）「ホンダのデザイン・マネジメント——経営資源としてのデザイン・マインド」立命館経営学, *40*(2), 29-47.

[11] Liedtka, J., Rosen, R. and Wiltbank, R. (2009) *The Catalyst.* Crown Publishing Group.

Ⅰ－6

組織デザインと人的資源管理

――デザイン資源の配置戦略

デザイン戦略[1]の策定において、社内にインハウスデザイン部門を保有するか、外部のデザイン会社にアウトソーシングするか、またはその両方を組み合わせる形態をとるかといった**組織デザイン**の観点は、自社のデザイン資源をどのように位置づけるかを決定するため、長期的なデザイン戦略を構築する上で考慮すべき重要な要素である。

たとえば、紺野[2]は表Ⅰ－2のようにデザイン組織の構造を分類している。まず、デザイン部門のあり方には、大きく分けて「**インハウス型**」と「**外部組織型**」があるが、これは文字通り企業内部にデザイン集団を抱えるか、外部にデザイン会社を設立する、もしくは外部のデザイン会社を活用するといった二つの選択肢があることを示している。

次に**人的資源管理**のあり方には、デザイン部門やデザイン会社のように一つの場所にデザイナーを配置する「**集中型**」の方法と、組織の中のそれぞれの部門にデザイナーを数名ずつ配置する「**分散型**」という方法がある。集中型はデザイナー同士のコラボレーションや自律性を高めることによって、より戦略的な布置としてのデザイナ

[1]「Ⅲ－1 デザイン戦略」参照。

[2] 紺野登（1992）『デザイン・マネジメント』日本工業新聞社

表Ⅰ－2 デザイン組織の構造（紺野, 1992[2]）

	集中型	分散型
インハウス型	トップ傘下にデザイナー組織を直結し、企業のメッセージをデザインに込める	事業部ごとにデザイナー組織を配置する 現場密着志向、柔軟な製品開発
外部組織型	デザイン部門・会社を独立 デザイン部門の独自性を発揮、効率よい作業	外部デザイナーをネットワーク状に配置 自由な発想、視点を生かす

ーの起用が可能となる。一方で、分散型はデザイナーをより現場に近い場所に配置するため、柔軟な製品開発が行われやすいという特徴がある。[2]

このように**デザインマネジメント**[3]における組織デザインは、デザイナーという人材をどのように考え、どのような役割を与えるかという戦略的な人的資源管理の視点を必要とする。

では、企業内部にデザイナーを雇用する場合は、どのような貢献が期待できるだろうか。たとえばロレンツ[4]は、デザイナーは部門間のコミュニケーションを円滑化させる**コミュニケーター**（communicator）としての役割を担っているとしている。

変化する市場の傾向を捉えて素早い製品開発を行うには、各部門間の知識を迅速に統合し、部門間の細かな相互調整を行う必要がある。しかし、R&D[5]やマーケティング、製造部門などの異なる専門性を持つグループのコミュニケーションは容易ではなく、それぞれの知識を伝達するための**共通の言語**を持つ必要性がある。これに対してデザイナーは、異なる部門間の共通言語としてスケッチ等の視覚表現を用いることでそれぞれのグループの散発的なコミュニケーションに基盤を持たせ、これを活性化させる。[5]

またデザイナーのこのような役割は、部門間の**バウンダリー・スパナー**（越境者）とも称される。製品開発の川上段階からデザイナーが参加し、**プロトタイピング**[6]や**スケッチ**といった可視化の技術を用いることにより、コンセプトの一貫性が保たれ

[3]「I－1　デザインマネジメント」参照。

[4] Lorenz, C. (1987) *The Design Dimension: The New Competitive Weapon for business.* Basil Blackwell.（野中郁次郎監訳／紺野登訳（1990）『デザインマインドカンパニー——競争優位を創造する戦略的武器』ダイヤモンド社）

[5] Research and Development. 企業において競争力を高めることを目的として、必要な技術調査、技術開発などを行うこと、およびそのための組織。

[6]「V－6　プロトタイピング」参照。

る。[7]

このような知識を統合するデザイナーの役割によって、企業は製品開発コストの削減や、リードタイムの短縮等の多くの恩恵を受けることが可能である。インハウスデザイナーには、**創造性**[8]だけでなく、R&D、マーケティング、製造の接合部に存在するコミュニケーターとしての役割が期待される。

一方で、外部デザイナーを活用する場合は、組織の制約に阻まれない自由な発想から、新鮮なアイデアをもたらすことが期待される。この場合、外部デザイナーは、**知識仲介者**としての役割を担い、新たな**製品言語**[9]や技術トレンドといった外部の知識を組織へと持ち込むことによって、製品開発に新たな方向性を取り入れる存在である。

たとえばチバとアレグレ[10]は、組織に所属するデザイナーのスキル等のリソースと、組織でのデザインポジション（デザイン部門の位置）との間の関係性について調査を行った。その結果、内部にデザイン部門を持つ企業はデザイナーのスキルの側面に対しての評価に重点が置かれており、外部デザイナーを活用する組織では、デザイナーのスキル以外のアイデアや創造性といった点を重視した活用を志向していることが明らかになった。

このように、人的資源としてのデザイナーのマネジメントは、組織デザインと共に非常に重要な観点である。デザインは本質的にコンテクスト依存性の高い行為であるために、ひとえにデザイナーを活用するといっても、その方法により発揮される能力

[7] Veryzer, R. W. and Boriya de Mozota, B. (2009). The impact of user-oriented design on new product development: An examination of fundamental relationships. *Journal of Product Innovation Management, 22*(2), 128-143.

[8]「V－4　創造性」参照。

[9]「Ⅲ－2　製品言語」参照。

[10] Chiva, R. and Alegre, J. (2007) Linking design management skills and design function organization: An empirical study of Spanish and Italian ceramic tile producers. *Technovation, 27*, 616-627.

はさまざまに異なるのである。

優れたプロダクトデザインを生み出すために、組織内のコミュニケーターとしてプロジェクトマネジメントの視点でデザイナーを雇用するか、外部とのネットワークを持つ革新的な知識仲介者としてデザイナーを雇用するかは、組織デザインや戦略と合わせて検討すべきである。

Ⅰ－7

デザインプロセスとアントレプレナーシップ
――デザインによるビジネス機会の創造

シリコンバレーにスタートアップが乱立する中、大きな普及を見せたサービスの一つにAirBnBがある。AirBnBは、ジョー・ゲビアとブライアン・チェスキーという二人のデザイン学部出身者と、コンピューター科学分野の学位を持つ情報技術担当のネイサン・ブレチャージクによって2008年に創業された。宿泊業に従事していない個人が宿泊施設を提供し、ユーザー同士でシェアし合うこのプラットフォームはシェアリングエコノミーの代名詞と言えるサービスであり、利用者数はすでに1億5000万人を超えるとされている。

この事例が示すように、2000年代以降ベンチャーやスタートアップの創業にデザイナーが参加している例が多く見られる。[1] その理由の一つは、この年代以降の起業の多くが新たなユーザー体験を伴うサービスを提供するものであるため、ユーザーの視点から得られる経験の経路をデザインし、より魅力的に感じられるようにこれを可視化するデザイナーの能力が求められているからである。これは、いわゆる**サービスデザイン**[2]の領域で示されてきている貢献である。

[1] 日経ビジネス(2016)「米、起業家はデザイナーの時代」『日経ビジネス』6月13日号152.

[2] 「Ⅲ－4　サービスデザイン」参照。

もう一つの理由は、デザインのプロセスに関連するものである。起業家によるビジネス機会の創造は、市場予測を立てて、それに合わせた計画を策定し、実行する、いわゆるマーケティングに一般的なアプローチとは異なる方法でなされる場合が多いことが明らかになっている。実際には、起業家は不確実性・曖昧性が高い状況の中で、予測ではなく自分の手札の中から資源を見つけて、関係するさまざまなステークホルダーとパートナーシップを築き、これを自身の手の内でコントロールすることで起業を達成する。このような起業家に特徴的なビジネス機会の創造的行為は、**予測性**に対して、**エフェクチュエーション**（effectuation：実行論）と呼ばれている[3]。

デザインのアプローチは、これと非常に似た性質を持っている。たとえば、デザイン実践に焦点を当てたデザイン理論においては、デザインとは自身を取り巻く制約をリソースと捉えて、さまざまなステークホルダーの持つ意見を綜合し、**社会相互作用**（social interaction）を踏まえて一つの形を構成していくプロセスであるとされている[4]。なぜなら、実際のデザイン現場では、問題と解決策のどちらもが不明瞭な場合が多く、デザインプロセスを通して初めてこれが明らかになってくるという特性を備えているからである。

このどちらのアプローチも、不確実性、曖昧性の中に自らを従事させる構成的な実践を反映しており、その類似性を確認することができる。そしてこの類似性によって、起業家はデザインのアプローチからビジネス機会の創出のヒントを得ることがで

[3] Sarasvathy, S. (2006) *Effectuation: Elements of Entrepreneurial Expertise.* Massachusetts: Edward Elgar Publishing.（加護野忠男監訳／高瀬進・吉田満梨訳 (2015)『エフェクチュエーション――市場創造の実効理論』碩学舎）

[4]「Ⅳ-3　リベラルアーツとしてのデザイン理論」参照。

きるのである。

では、具体的にどのようなプロセスを経て問題解決がなされるのであろうか。デザインのプロセスを説明するモデルの一つに、**ダブル・ダイヤモンド・モデル**（Double diamond model）と呼ばれるモデルがある。図Ⅰ－3は、英国のデザイン振興機関であるデザインカウンシル[5]（Design Council）が定義するダブル・ダイヤモンド・モデルである[6]。このモデルは、デザインプロセスに伴う「収束」と「発散」を表したものであり、図の左側のダイヤモンドは「リサーチ（research）」を、右側のそれは「ソリューション開発（development）」を生み出す段階をそれぞれ示している。

まず、初めの「探索」の段階では、デザインを行う動機でもある問題についてより深く理解することを目指し、問題状況の把握を行うことから洞察を得る。次に「定義」の段階では、発散して獲得した洞察を収束し、改めて取り扱うべき問題を焦点化する。

このプロセスを経たのちに、ソリューションの「開発」の段階に移る。ここではまず、発散的にいくつかのソリューションの可能性を検討・展開し、何をデザインするかを決定する。そして、最終的にソリューションを人々に「届ける」段階へと至る。

このように、デザインプロセスは二つの異なる活動において、それぞれの段階で発散と収束を繰り返すことで解へと近づいていく性質を持っている。

ベンチャーやスタートアップ以外においても、企業経営では、新たな機会の「探索

[5] デザインカウンシルは、1944年にイギリス政府が立ち上げたデザイン振興機関。

[6] Design Council (2015) (https://www.designcouncil.org.uk/news-opinion/design-process-what-double-diamond)

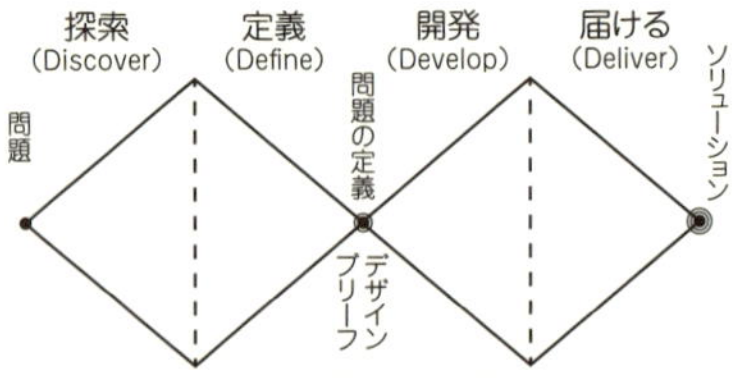

図Ⅰ-3　ダブル・ダイヤモンド・モデル
(Design Council, 2015[6])

(exploration)」と既存の領域における資源や能力の「活用（exploitation)」という二つの側面を同時的に達成するいわゆる「**両利き**（ambidexterity)」の経営の重要性が改めて叫ばれている。[7] ストイメノワとデ・リール[8]は、デザイン思考やデザインスプリント[10]といったツールを製品開発に取り入れている二社を対象にした調査から、プロジェクトメンバーの中に**探索型のマインドセット**と**ユーザー中心型のマインドセット**の両方が育まれていることを明らかにしている。このように、デザインプロセスの持つ一貫性は、企業活動の二つの側面を統合し、促進する可能性を持っている。

[7] O'Reilly, C. A. and Tushman, M. L. (2013). Organizational ambidexterity: Past, present, and future. *The Academy of Management Perspectives, 27*(4), 324-338.

[8] Stoimenova, N. and De Lille, C. (2017) Building design-led ambidexterity in big companies. *Proceedings of the 1st Design Management Academy Conference*, 415-432.

[9] 「V-6 プロトタイピング」参照。

[10] デザインスプリントとは、グーグルの企業内ベンチャーキャピタルであるGV社が、デザイン思考を自社流にアレンジして方法論化したアイデア開発手法である。

I－8

デザイン・トランスフォーメーション——デザイン主導型企業への転換

デザインマネジメント[1]を導入する企業の最終的な目標は、組織全体にデザインの考え方を浸透させ、デザイン主導型企業への**転換**（transformation）を図ることにある。

デザイン主導型企業への転換が実現された企業においては、もはやデザインは製品開発プロセスに取り入れられるのみならず、企業全体を支える組織文化として根付き、戦略策定やイノベーションマネジメント、ものづくりのプロセス、資源の配分といったさまざまなレベルの企業諸活動に取り入れられ、変化を及ぼす。この転換は、デザインマインドを持つトップマネジメントや媒介者を通じて、いくつかの段階を経て実現される。

たとえばクーパーら[2]は、デザインマネジメント研究の対象の変化を図I－4のように示している。これは、デザインマネジメントの組織内での「進化（evolution）」を、三つの段階で表したものである。

[1]「I－1　デザインマネジメント」参照。

[2] Cooper, R., Junginger, S. and Lockwood, T. (2009) Design thinking and design management: A research and practice perspective, *Design Management Review*, *20* (2), 46-55.

①ステージ１：ものづくりの文脈

デザインマネジメントの導入初期のステージである。導入初期の段階では、企業は競合他社の製品との差別化を目的に**プロダクトデザイン**を導入し、ものづくりに審美的な価値を付与させようと努力する。このステージは、デザイン活用とその価値への「気づき」の段階にあたる。

②ステージ２：ブランドとマーケティングの文脈

デザインマネジメントの進化の第二ステージである。ここではプロダクトの差別化としてのデザインから一歩進んで、**顧客経験**に焦点を当てたブランド戦略にデザインの価値が位置づけられる。この段階では、デザインに対する気づきは成熟し、デザインはタンジブル（有形）な製品のみに用いられるのではなく、それに付随するインタンジブル（無形）なサービスにも用いられるようになる。ステージ1とは異なり、デザインの持つ市場価値へとその焦点が推移する。

③ステージ３：組織と社会の文脈

デザインマネジメントの進化の第三ステージでは、より広義のデザインである**デザイン思考**[3]やデザイン方法論が組織の活動の一部として浸透しはじめ、製品／サービスを中心としたデザイン実践だけでなく、戦略やソリューションを生み出す際に

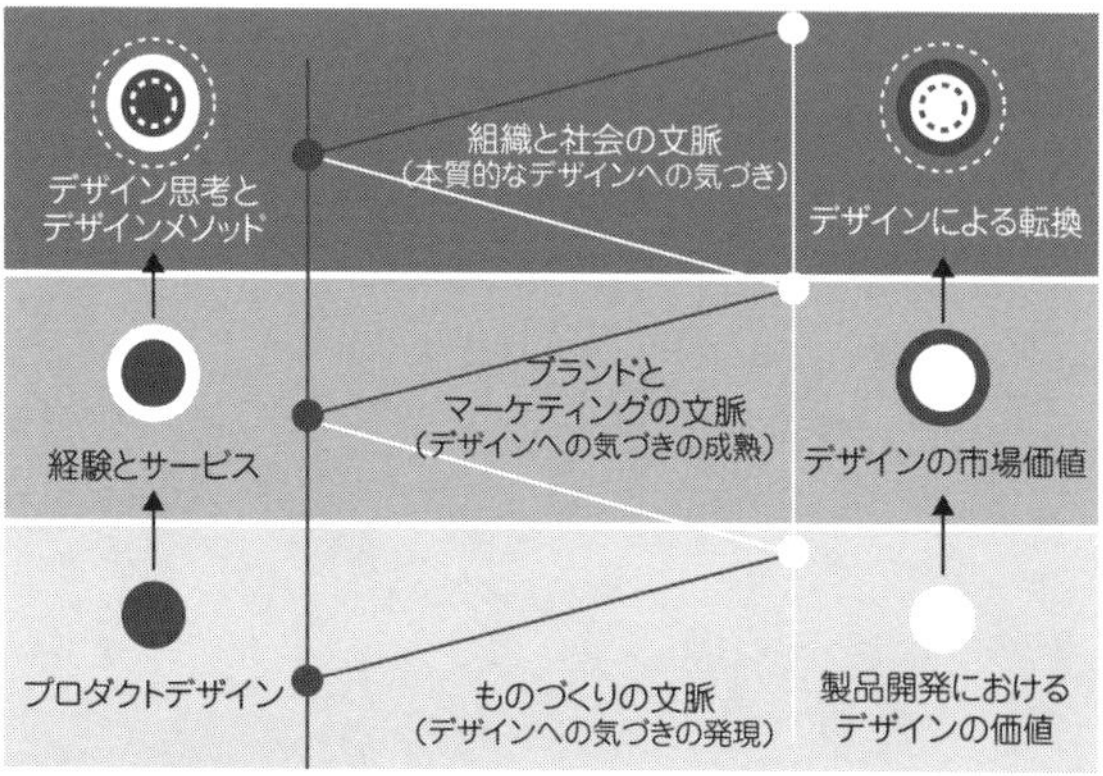

図Ⅰ-4　組織のデザインマネジメントの進化（Cooper *et al.*, 2009）[2]

[3]「Ⅲ-10　デザイン思考」参照。

もデザインの考え方が用いられるようになる。組織の支配的な考え方の一つとして「デザイン」が形成され、デザインのマネジメントから**デザイニングとしてのマネジング**（managing as designing）へと、大きく認識の転換が起こる。[4] 組織はデザインの知を**ケイパビリティ**[5]として獲得する。

このような三つの段階を経て、組織内でのデザインマネジメント活動の幅は拡張されていき、最終的にデザインによる組織の転換がなされる。デザイン主導型企業が形成されるには、デザインという考え方に熟達し、その価値に関する本質的な気づきを得ることが必要である。このような気づきを丁寧に育んでいくことで、デザインの価値を余すことなく十分に発揮するための組織開発が可能となる。

[4]「V－9　デザイン・アティテュード」参照。

[5]「I－3　デザインマネジメント・ケイパビリティ」参照。

II　デザインと技術の相互作用

Ⅱ－1 デザイン主導型イノベーション

——イノベーションの価値転換

現代的なデザインの様相は19世紀後半から現れ、デザイナーは産業や市場からの要求を満たす製品のスタイリストから、問題解決のプロフェッショナルとしてその役割を推移させていった。そして現在、多くのデザイン主導型企業の成功をもとに、これまでのビジネスモデルを打ち壊す**破壊的イノベーション**[1]（Disruptive Innovation）を生み出す源泉として、企業はデザインに注目している。デザインはもはや、新たなビジネスの思考法になりつつある。

クリステンセンは、この破壊的イノベーションが起こるプロセスを、「持続的技術（incremental technology）」と「破壊的技術（disruptive technology）」という二種類の技術という言葉を用いて、その相互作用の観点から説明している。

持続的技術とは、メインストリームの製品の改善に貢献する技術のことを指し、多くの消費者にとって既存製品よりも優れたパフォーマンスの発揮を可能とする。一方、**破壊的技術**とは、メインストリームの製品パフォーマンスを一時的に低下させるが、既存の顧客以外の少数の消費者の価値創造に貢献する技術を指す。

[1] 破壊的イノベーションとは、ハーバード・ビジネススクールのクレイトン・クリステンセン[2]が１９９５年に提唱したイノベーションを説明するモデルである。競争市場では、企業は製品の技術進化を促進し続け、新製品になるほどその機能的な性能を向上させていく傾向にある。しかし、このような方向性とは異なる何らかの特徴を持つ製品が、既存市場の顧客と異なる顧客から支持され、市場構造を「破壊」してしまう可能性がある。クリステンセンは、これを破壊的イノベーションと呼んだ。

持続的技術がハイエンド市場で求められるパフォーマンスを超えて進化し続ける間に、破壊的技術がローエンド市場で求められる性能を満たし、広く受容される機会を生み出す。これによって、従来の支配的なメインストリームの企業が競争優位を失ってしまうのである（図Ⅱ－1）[3]。

リーダー企業は、既存の顧客との関係性を重視し、既存の技術に固執してしまうがゆえに、持続的技術への開発投資を優先してしまう傾向にある。その間に、メインストリームの声を聞かずに、破壊的技術に積極的に投資する新規参入の企業が出現し、新たな顧客への価値を創造して市場を奪い去ってしまう。このような大企業の葛藤現象は、**イノベーションのジレンマ**と呼ばれている。

デザインを主軸に置いたイノベーション、すなわち**デザイン主導型イノベーション**（Design-Led Innovation）[4]においても、これと同様のことが言える。たとえば、ドナルド・ノーマンとロベルト・ベルガンティ[5]によれば、デザイン主導型イノベーションには二つの異なるアプローチがある[6]。

一つは、デザイン思考等に代表される**人間中心デザイン**[7]（ＨＣＤ）のアプローチである。このアプローチでは、まずユーザーニーズを理解するためのデザインリサーチを行い、既存製品の問題点を探る。一方で、ユーザーのニーズを理解しようとすることが目的となるため、潜在的なソリューションを生み出す可能性は制限されてしまう。たとえるなら、それは製品性能を向上させる「ヒ

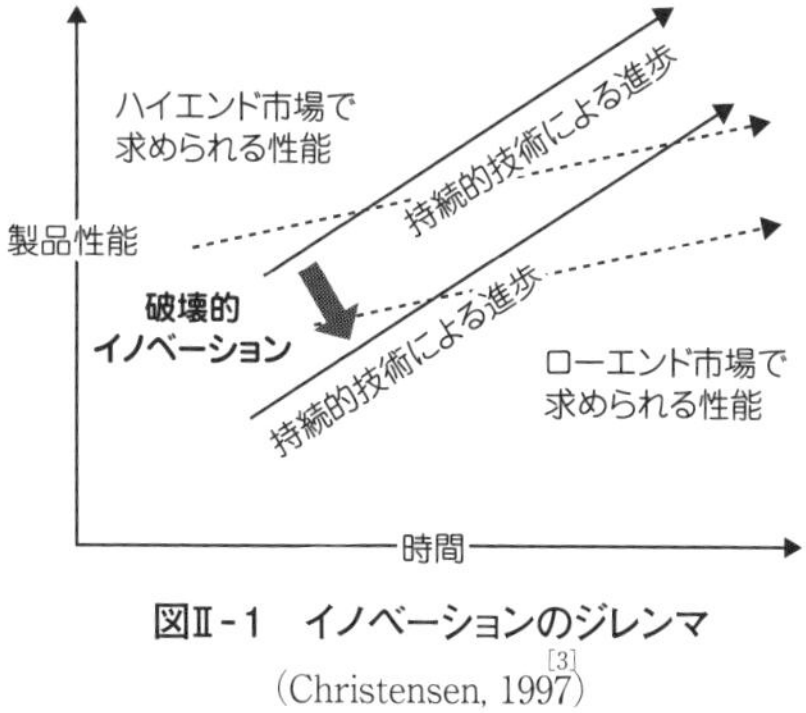

図Ⅱ-1　イノベーションのジレンマ
(Christensen, 1997)[3]

［2］Clayton M. Christensen. 1952年生。ハーバード・ビジネス・スクール教授。企業におけるイノベーションの研究における第一人者。イノベーションに特化した経営コンサルティング会社、イノサイトの共同設立者。

［3］Christensen, C. M. (1997) *The Innovator's Dilemma: When*

ルクライム（hill climbing）」のようなアプローチである（図Ⅱ－2）。

一方で、ベルガンティが提唱する**意味のイノベーション**は、この製品性能の山を「変える」急進的なデザインのアプローチである。[8]

さらに彼らは、このデザイン主導型イノベーションを導くデザインリサーチの形式を次の四つに分類している。

①ベイシック・デザインリサーチ

デザイナーの用いるリサーチ形式。具体的な製品に関する考慮をせずに、新たな意味のみを探求する。たとえば、イタリアのデザイン集団であるメンフィス[9]（Memphis）は、ブレインストーミング[10]を用いず、解釈者の意味の探求を重視していた。製品の新しい意味を希求するには、既存のユーザーに対するアプローチからは得られない、言語的・哲学的メッセージを探索する。

②デザイン・ドリブン・リサーチ

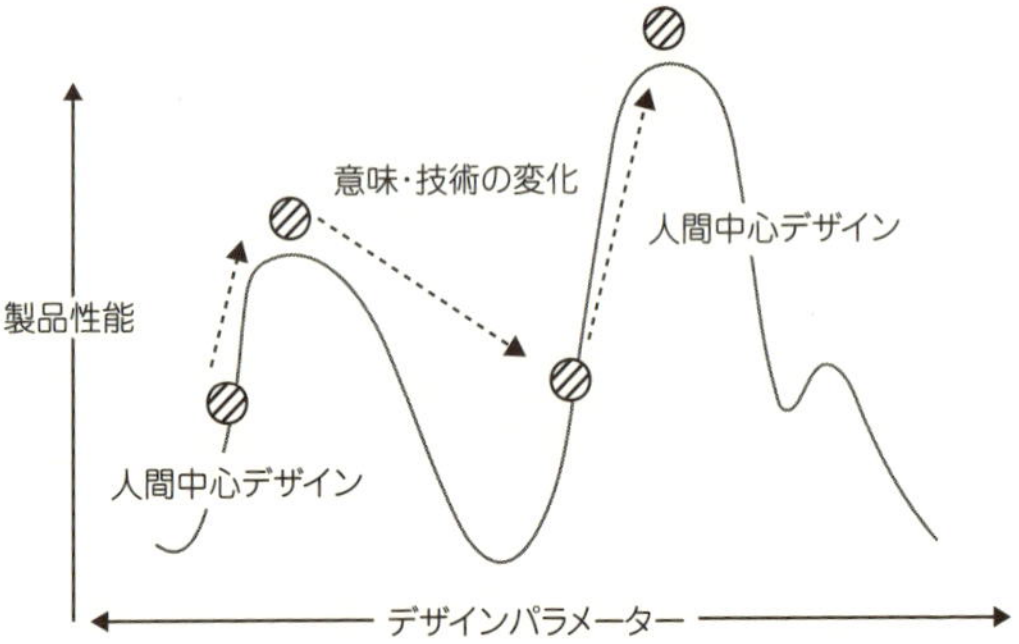

図Ⅱ-2　人間中心デザインと意味のイノベーションのアプローチの違い（Norman and Verganti, 2014[6]）

New Technologies Cause Great Firms to Fail. Harvard Business School Press.（玉田俊平太監修／伊豆原弓訳 (2001)『イノベーションのジレンマ――技術革新が巨大企業を滅ぼすとき』（増補改訂版）翔泳社）

[4] Donald Arthur Norman. 1935年生。アメリカの認知科学者、認知工学者。

[5] Roberto Verganti. 1964年生。イタリアのリーダーシップ、イノベーション研究者。

[6] Norman, D. A. and Verganti, R. (2014) Incremental and radical innovation: Design research vs. technology and meaning change. *Design Issues, 30*(1), 78-96.

[7]「Ⅴ－2　人間中心デザイン」参照。

[8]「Ⅱ－2　デザイン・ドリブン・イノベーション」参照。

製品意味に関する新しい知識の創造を目的としたリサーチ形式。アレッシィ社[11]の"Family Follows Fiction"というプロジェクトでは、新たな意味の探索と同時に台所用品としての使用という製品機能性の両方を問うことによって、意味と機能の相互作用の視点から新たな製品群を生み出した。

③ヒューマンセンタード・リサーチ

現在の製品を対象に、すでに社会に存在する意味とユーザーや市場の要求を探求するためのリサーチ形式。製品の使用に関する**エスノグラフィー**[12]や観察はこの手法の要となる。製品の性能の谷を越えるのではなく、機能性を高めることを目的としている。

④ティンカリング

意味を創造することや機能性を考察することを目的としないリサーチ形式。「いじくりまわし（tinkering）」と呼ばれる。これは優れた洞察を生む可能性もあるが、一方で完全に偶然性に左右される。たとえばこれは、ソニーのウォークマンが開発された当時、これに対抗するために他社があらゆる製品の可能性を模索するために採用した「ショットガン戦略」に代表的である。あらゆる可能性を組み合わせて探索を行うが、偶然性が重要な要素であるため、再現することは非常に困難である。

クリステンセンの破壊的イノベーションと同様、製品性能の山を向上する改善のアプローチだけでは急進的なイノベーションが起きることはない。これを起こすためには、イノベーションの核となるような製品の新しい意味を探索することが必要である。

[9] メンフィスは、1980年代にイタリアを中心にデザイン活動を展開した前衛的なデザイン集団。

[10] グループで行う発散型のアイデア開発の技法。

[11] アレッシィ社は、食器具を中心にデザイン性の高いブランドを提案しているイタリアのハウスウェアメーカー。

[12] 「V-7 エスノグラフィー」参照。

Ⅱ－2

デザイン・ドリブン・イノベーション

——デザインによる新しい意味の創出

イノベーションとは「革新」「刷新」の意であり、これまでにない新たな価値を生み出し、それによってより良い変化を人々にもたらすことである。企業の研究活動によってなされる技術革新や、製造工程の改善のことを指して用いられる場合もあるが、その本質は人々の生活を中心に新たな様式や考え方をつくり、経済価値を生み出すことにある。このイノベーションへの期待はますます高まっていると言えるが、その中でも徐々に普及しつつある一つの見方がある。それは、「デザインはイノベーションの創出に貢献する」というものである。

デザインとイノベーションを関係づけて論じたものの一つに、ロベルト・ベルガンティ[1]が提唱した**デザイン・ドリブン・イノベーション**（Design-Driven Innovation）がある。[2]この理論の中心的な概念が**意味のイノベーション**（Innovation of Meaning）である。意味のイノベーションは、製品やサービスの持つ既存の意味を変化させ、新たな意味を提案し、それが広く人々に受け入れられることで実現される。ここで言う意味とは、製品の機能や性能ではなく、情緒的・象徴的な価値を生むものである。

［1］「Ⅱ－1　デザイン主導型イノベーション」注［5］参照。

［2］Verganti, R. (2009) *Design-Driven Innovation.* Harvard Business Press.（佐藤典司・岩谷昌樹・八重樫文／立命館大学DML訳 (2016)『デザイン・ドリブン・イノベーション』クロスメディア・パブリッシング）

２００６年に任天堂が発売したWiiは、ソニーのPlay Stationが目指す高画質・高性能のゲーム開発ではなく、「家族皆で、お茶の間でゲーム」という、これまでにない新たな意味を追究した。Wiiは加速度センサーを用いた特殊なコントローラを使って運動するように楽しむ製品であり、高画質・高性能を求める既存のユーザーを想定する方向性とは異なっていた。しかし、最終的にこの任天堂の新しい意味の提案を人々は受け入れ、ユーザー層を拡大し、ゲーム人口を爆発的に増やすことに成功した。

ベルガンティは、「人々は、実利的な理由だけでなく、深い感情的な理由や、心理的・社会文化的な理由からモノを買う。つまり、人々は製品を買うのではなく、その意味を買っている」と言う。そしてその実利以外の価値を生み出すのは、まさにこの意味なのである。ベルガンティは、デザイン学者のクラウス・クリッペンドルフ[3]の定義を借りて、デザインとは「**モノに意味を与えること**（making sense of things）」としている[4]。このように意味のイノベーションでは、すでに世の中にある（とされる）ニーズを満足させるのではなく、人々の生活の中での意味の変化を追究することでイノベーションが達成されるものと考える。

また、ベルガンティ[2]による分類では、デザイン・ドリブン・イノベーションは、技術によって駆動されるイノベーションであるテクノロジー・プッシュ・イノベーション（Technology Push Innovation）、市場とユーザーによって駆動されるマーケット・プル・イノベーション（Market Pull Innovation）に次ぐ三つ目のイノベーション戦略である。

[3] Klaus Krippendorff. １９３２年生。ドイツ出身のアメリカのコミュニケーション、サイバネティクス研究者、社会科学者。

[4] 「Ⅳ-５ 意味の創造としてのデザイン理論」参照。

[5] Verganti, R. (2017) *Overcrowded*. Harvard Business Press.（安西洋之・八重樫文監訳／立命館大学ＤＭＬ訳 (2017)『突破するデザイン』日経ＢＰ社）

テクノロジー・プッシュ・イノベーションとは、研究開発等による技術の急進的な発展によってもたらされる製品の性能のめざましい進歩を指す。企業の先進的な技術研究によってもたらされるこの種のイノベーションは、しばしば産業に大きく破壊的な衝撃を与えて、他社との競争優位性を生む源泉となる。

マーケット・プル・イノベーションは、必ずしも技術の発展を必要としない、ユーザーを対象にした分析をすることによりもたらされるユーザー中心、既存市場牽引型のイノベーションである。現在市場に存在している製品の漸進的な改良により、製品の機能や使用感をより良いものに高める。この種のイノベーションは、消費者の生活や社会の方向性を大きく変化させることはなく、むしろ今ある価値観や文化を固定的なものにする方向に働く。

これらのイノベーションに加えてベルガンティが提唱したのが、技術の性能の向上や既存のユーザーや市場分析を必要としない、人々に新たな意味を提案するデザイン・ドリブン・イノベーションの理論である。彼は、イノベーションを技術と意味の二つの軸で分類し、意味の急進的なイノベーションとしてこれを説明した[5]。

このデザイン・ドリブン・イノベーション／意味のイノベーションを実現した例として、ネストラボの人工知能搭載型サーモスタットの事例があげられている。同社の

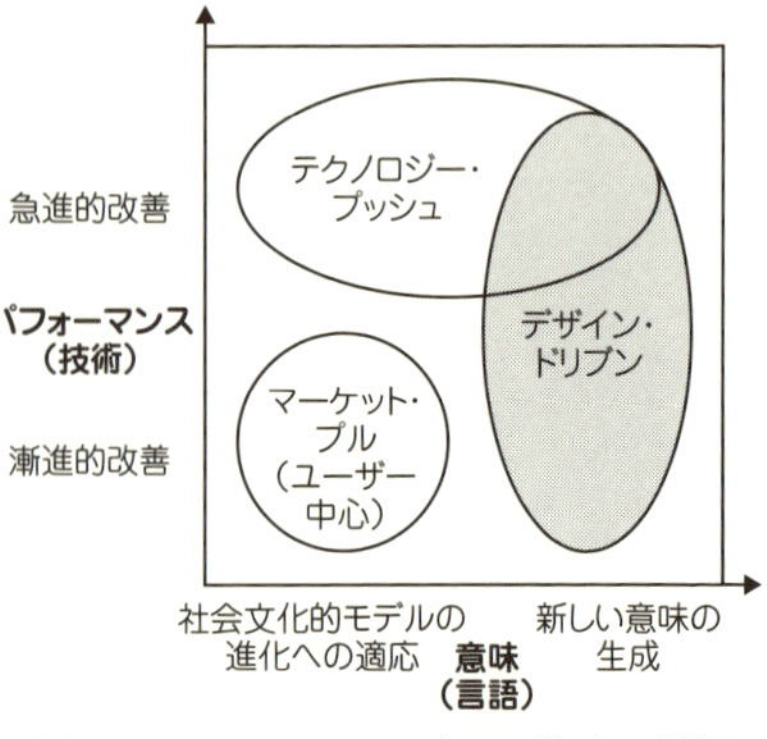

図Ⅱ-3　三つのイノベーション戦略の分類
(Verganti, 2009[2])

[6] ネストラボは、元アップルのマネジャーであるマット・ロジャースとトニー・ファデルによって2006年に設立された。

[7] 「Ⅰ-1　デザインマネジメント」参照。

冷暖房用サーモスタットは、生活者の習慣を学習し、複雑な温度設定を必要としないシンプルな製品であり、サーモスタットのスイッチを少し操作するだけで、家族にとっての適温を実現するものであった。この製品は、従来のサーモスタットに付随していた「温度をコントロールする」という意味を、「自ら温度をコントロールしなくても心地よく過ごしたい」という新しい意味に刷新する提案であった。

　ネストラボの製品開発の例で興味深い点は、設立者の二人[6]はアイデア開発で一般的に用いられているブレインストーミングとまったく反対のアプローチをとっていることである。二人の会話は、ブレインストーミングの「他人の意見を批判してはならない」というルールに背き、むしろ厳しい批判をお互いに繰り返すことで成立していた。それぞれの見解をぶつけ合いながら、**スパーリング**と呼ばれる活動を通して徐々にビジョンを明確にし、自分のアイデアを心の内から外側へと広げていき、最終的に人々へ届けることに成功した。

　ここで取り上げた二つの事例は、どちらも既存市場で提案されていた意味とは異なる意味を見出し、新たな顧客層を生み出している。そしてこのようなデザイン・ドリブン・イノベーション／意味のイノベーションのプロセスは、まさに**デザインマネジメント**[7]を通して達成されるべきデザインプロセスを概念化したものであると言える。闇雲にユーザーを訪ねるのではなく、何が人々の生活を豊かにするのかという起点から新たな価値を希求しなければ、本当の意味でのイノベーションは起こらない。

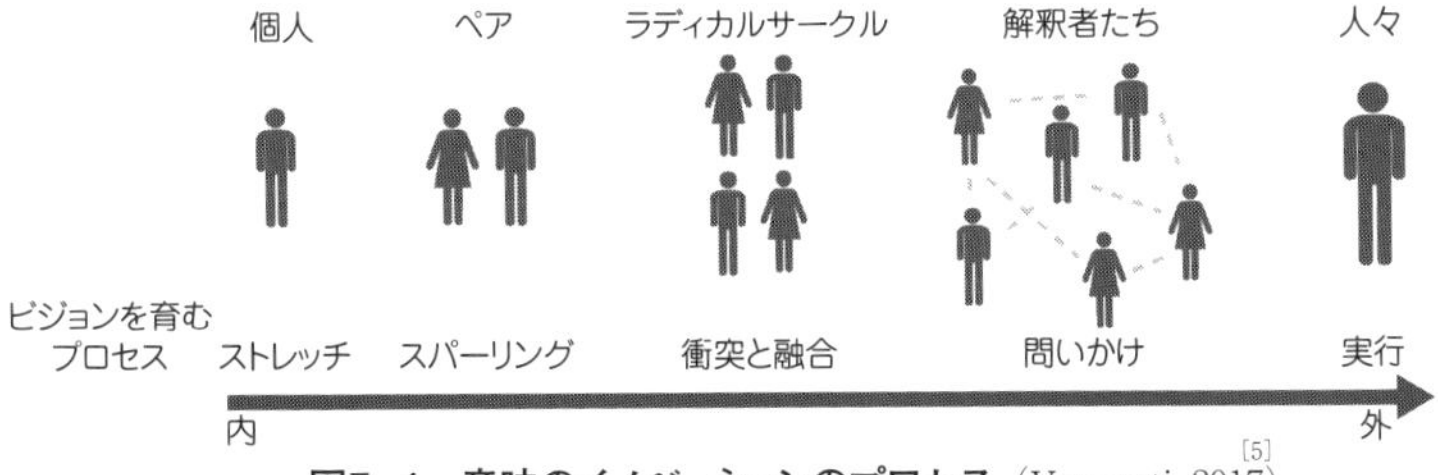

図Ⅱ-4　意味のイノベーションのプロセス（Verganti, 2017[5]）

Ⅱ-3

デザイン・ディスコース
——意味の解釈者たちとのインタラクション

デザイン・ディスコース（Design Discourse）とは、**デザイン・ドリブン・イノベーション**[1]の鍵となる、企業・個人間のネットワークに関する理論である。それは、「モノの意味の可能性において広くネットワーク化された研究プロセス」であり、企業外の多様な価値観を持つステークホルダーとの間に接続された有機的な形態を持つことがその特徴である。[2] デザイン・ドリブン・イノベーションでは、このステークホルダーは**解釈者**（interpreter）と呼ばれる重要なアクターである。意味のイノベーションは、デザイン・ディスコースを通した多くの人々の解釈を通して実現される。

デザイン・ディスコースにおけるステークホルダーは、大きく「文化的生産（cultural production）」と、「技術（technology）」に関する二つの種類の解釈者に分けられる（図Ⅱ-5）。

文化的生産の世界に属する解釈者たちは、芸術家、文化的組織、社会学者、文化人類学者、マーケッター、メディアといった、社会文化の調査と知識の生産に直接的に関わっている専門性を持つ人々が含まれる。彼らは、社会がどのような状況にあり、

[1]「Ⅱ-2 デザイン・ドリブン・イノベーション」参照。

[2] Verganti, R. (2009) *Design-Driven Innovation*. Harvard Business Press.（佐藤典司・岩谷昌樹・八重樫文／立命館大学DML訳 (2016)『デザイン・ドリブン・イノベーション』クロスメディア・パブリッシング）引用は訳書 178.

文化がどのように形成されるかに深い関心を持っており、それぞれ自らの活動を通して社会の構成に影響を与える。

一方で、技術の世界に属する解釈者には、研究・教育機関、技術サプライヤー、他産業の企業といった存在があげられる。この世界に属する専門家は、自然科学的なアプローチから新しい技術の生産に関わり、社会に技術的なイノベーションの種を提供する。

たとえばイタリアのミラノにおけるデザイン・ディスコースの中では、このような文化的生産に携わる解釈者たちと、技術の世界の解釈者たちとのインタラクションが絶えず行われている。ミラノで毎年開催されている国際見本市であるミラノサローネには、新たな技術を用いた作品・製品が公開され、それによって芸術やデザインの表現が拡張されていくという相乗効果が生まれている。

これらのステークホルダーは単なる利害関係者ではなく、お互いに社会文化における「意味の解釈者」である。意味のイノベーションの実現を目指すデザイン・ドリブン・イノベーションに必要であるのは、この意味の解釈者のネットワークに積極的に参加することである。

次の三つの活動が、企業においてデザイン・ディスコースとの対話を行うための基礎となる（図Ⅱ-6）。

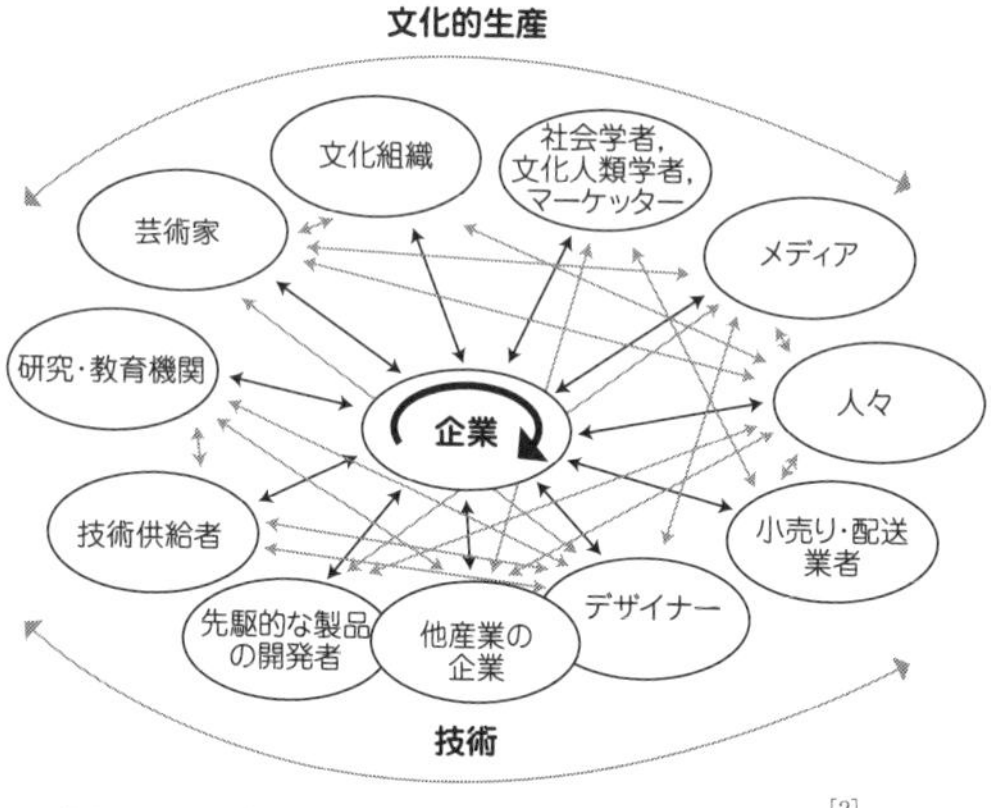

図Ⅱ-5　デザイン・ディスコース（Verganti, 2009）[2]

①デザイン・ディスコースに耳を傾ける

新製品が持つべき将来的な言語と意味に関する知識に、解釈者たちを通してアクセスする。

②解釈する

デザイン・ディスコースから得た知識を統合し、新しい革新的な意味やビジョンを育む。

③デザイン・ディスコースに話しかける

解釈者たちに対して、自身のビジョンを広く認識させる。

デザイン思考等の**人間中心デザイン**[3]には、ユーザーにできるだけ接近することが求められるが、デザイン・ドリブン・イノベーションではむしろユーザーから一定の距離をとることが求められる。ユーザーではなく、解釈者のネットワークから知識を得て、「観察」ではなく「研究」を行うことによって、人々を惹きつける魅力的なビジョンが形成される。

たとえばアレッシィ社のティー・アンド・コーヒー・ピアザというプロジェクトでは、11人の建築家に対して、紅茶とコーヒーのための製品のプロトタイプをつくるように求めた。これは最先端の建築家の扱っている**製品言語**[4]を自社の製品に取り入れるためであると同時に、それぞれの視点から将来性のある意味を探求する「研究」プロジェクトとして展開された。

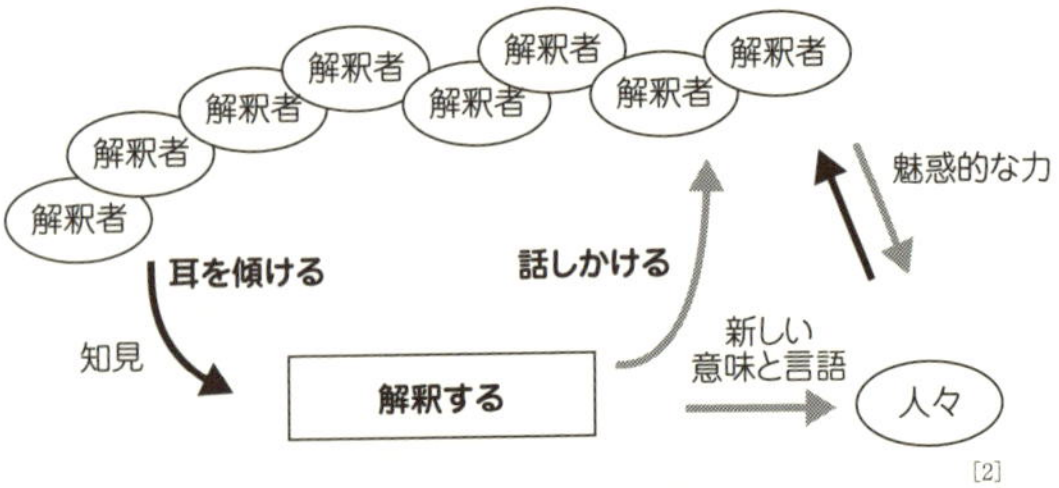

図Ⅱ-6　デザイン・ディスコースとの対話（Verganti, 2009）[2]

［3］「Ⅴ-2　人間中心デザイン」参照。
［4］「Ⅲ-2　製品言語」参照。

そこで提案されたプロトタイプは、サンフランシスコ現代美術館やスミソニアン博物館で展示され、また99個の限定コレクションとして販売された。さらに、この研究の結果を説明する本を制作し、デザイン・コミュニティに配布することで、ビジョンを広く認識させることに成功した。

このように、デザイン・ディスコース自体が新たな製品の持つ意味を普及させていくプロセスとして機能し、意味の伝搬がなされていくのである。

Ⅱ－4

テクノロジー・エピファニー戦略

――技術と意味の相互作用

テクノロジー・エピファニー（Technology Epiphany）とは、**意味のイノベーション、デザイン・ディスコース**[1]に加えて、**デザイン・ドリブン・イノベーション**[2]の理論を構成する三つ目の概念である。

エピファニー（epiphany）という言葉は、西方教会でキリストが生まれた12月25日の後の12日目にあたる、1月6日のキリストの顕現を祝祭する公現祭の日を指す。これは、もともとはギリシヤ語の「エピファネイア（顕現）」という言葉をもとにしたものであり、神殿に神が到来することや、皇帝が即位することといった、「世に現れる」という意味で用いられていた。

一般的な意味で言えば、エピファニーとは突発的に何かが目の前に現れ、目の前の道が開けてものごとの本質を理解することができるという感覚、もしくは瞬間のことであり、より端的に言えば「直感的な突然のひらめき」を指す言葉であると言える。

ベルガンティ[3]の提唱するテクノロジー・エピファニーとは、「技術の悟り・啓示・顕現」を指す概念である。この技術の悟りとは、これまでに埋もれていたような技術

[1]「Ⅱ－3　デザイン・ディスコース」参照。

[2]「Ⅱ－2　デザイン・ドリブン・イノベーション」参照。

[3] Verganti, R. (2009) *Design-Driven Innovation*. Harvard Business Press.（佐藤典司・岩谷昌樹・八重樫文／立命館大学DML訳 (2016)『デザイン・ドリブン・イノベーション』クロスメディア・パブリッシング）

であっても、瞬間的なひらめきによって製品の新しい意味と結びつき、これまでにない新しい方向性を示すことを指している。ベルガンティは、このような技術と意味の相互作用を用いて新たなイノベーションを起こす戦略を、**テクノロジー・エピファニー戦略**（Technology Epiphany Strategy）と呼んでいる。

たとえば、任天堂やスウォッチといった意味のイノベーションを実現した企業は、他社が開発した技術から啓示を受けて、新しい意味を持つ製品を実現し、成功を収めた。

任天堂は、体感的なゲーム体験を提供するWiiを実現するために、そのコントローラに、「ＭＥＭＳ（Micro-Electric-Mechanical Systems）加速度・振動測定計」という技術を用いている。これは、社会においては新しい技術ではなかったが、ゲーム業界に対するWiiという製品の持つ意味と合わさることによって、改めてその価値が現れた。

また、スウォッチは、それまでのスイス時計にないクォーツ技術と、これまでにない製品アーキテクチャを用いることとよって、より薄く、よりカジュアルな時計といった時計の新たな意味を生み出すことに成功している。さらに、これらの技術は、それまでのアナログ時計で１５０個必要であったパーツを51個にまで減らし、コストを大幅に下げることに貢献している。

このように、テクノロジー・エピファニー戦略には、新しい意味の生成と、テクノロジー・プッシュの両方からのアプローチが必要となる（図Ⅱ－7）。

では逆に、技術開発を中心とする企業は、どのようにしてこの新しい意味に関する洞察を得れば良いのか。たとえば、先述のＭＥＭＳの場合は、その用途に関して非常に多くの可能性を持っているため、企業はどの市場にそれを適用するのかをよく考えなければならない。

基本的に、企業が新たな技術を開発する際には、多くの選択肢の中から将来発展の見込める技術を適切に選択して投資をする。外部からの投資を募ったり、スタートアップを買収することによって技術やノウハウを得る企業も見られるが、買収は大きなリスクを伴うために、ほとんどの企業は既存技術の継続的な自社開発を選択する傾向にある。

しかし、このような技術開発を企業内部で行う場合においても、そこに何らかの価値や意味を生み出すための洞察を得ることが必要となるが、実は、企業がどのようにそれを得るのかについてはほとんど明らかになっていない。

マジストレッティら[4]は、ベルガンティが提唱したテクノロジー・エピファニー概念をもとに、新しい技術開発の方向性への洞察を得るには二つの種類の探索（exploration）が有効であることを指摘している。

一つは、現在市場で提供されているソリューションに基づき、それが実現している体験（activity）の方向性に則したニーズを把握し、自社の技術をその方向性に向

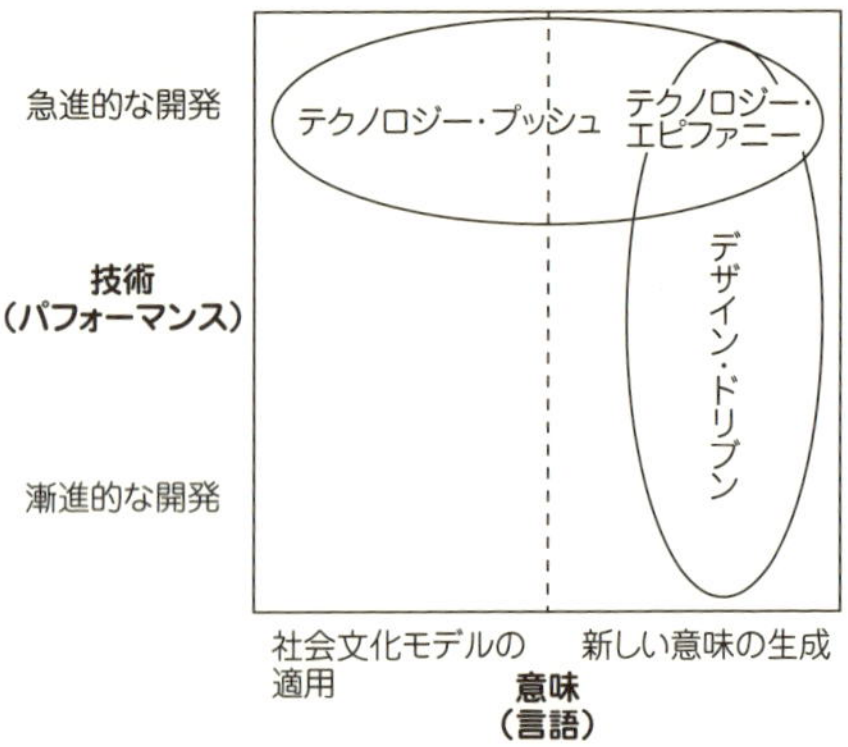

図Ⅱ-7　テクノロジー・エピファニーの分類
（Magistretti *et al.*, 2017[4]）

[4] Magistretti, S., Dell'Era, C., ÖBERG, Å. and Verganti, R. (2017) Managing technology development: A two steps process to discover new meanings. *Proceedings of the 1st Design Management Academy Conference*, 43-57.

けて開発する、①**アクティビティ・チェイン探索**（Activity Chain exploration）という戦略であり、もう一つは、市場で現在提供されているソリューションとその方向性を全体的に見渡し、これらのアプリケーションを組み合わせてこれまでとはまったく異なる体験が得られる方向性へと転換する、②**エクスペリエンス探索**（Experience exploration）という戦略である。たとえば、フルパワー社[5]が開発したモーションXという3軸加速度センサープラットフォーム（GPS等に用いられる）の事例において、同社は当初ナイキとの共同プロジェクトを通していくつかのアクティビティ・トラッカーを搭載した製品を展開した。これらの製品は、従来の「万歩計」の機能の延長として提案された。しかし、その次にジョウボーン社[6]との共同プロジェクトでは、移動や運動といった活動の延長ではなく、睡眠時間の計測、食事時間などの情報を取り入れてより大きな「経験」を生む製品を展開している。

アクティビティ・チェイン探索は、技術の応用可能性がすでによく知られている場合に有効であり、これによってマネジャーや技術開発者は新製品に安心して投資を決定することが可能である。エクスペリエンス探索はすでに多くの技術アプリケーションが市場に提供されており、それぞれの情報が開示されている場合に有効である。

このように、技術それ自体だけでなく、その技術を持つ意味やそれが人々に与えることのできる経験の方向性を理解し、技術と意味の即興作用（interplay）をコントロールすることで、企業は新たな顧客体験を創出することができるのである。

[5] フルパワー社は、2003年に設立された様々なデジタルテクノロジーを提案するアメリカのベンチャー企業。

[6] ジョウボーン社は、1999年に設立されたウェアラブル端末を提案するアメリカのベンチャー企業。2017年に資金繰りが悪化し、倒産している。

Ⅱ－5

ラディカル・サークル

——ビジョンを生み出すチーム編成

デザイン・ドリブン・イノベーション[1]を引き起こすには、生活者としての意味の深い解釈から種となるものを見つけ、**「内から外へ（インサイド・アウト）」**のプロセスを通して自身のビジョンとして育んでいくことが必要である。内から外へとは、オープンイノベーション[2]やクラウド・ソーシング[3]のように外部からアイデアを募る（アウトサイド・イン）のではなく、自身の中から湧き出てくる「方向性」を提示していくプロセスを示している。

この方向性の源泉は、現状への違和感や嫌悪感からもたらされる場合もある。旅行中になぜ高いお金を払ってホテルに泊まらなければならないのか？　なぜわざわざタクシーを待たなくてはならないのか？　このような嫌悪感から生み出されるアイデアは、はじめは慣行にそぐわないなどのため人々から拒否される可能性は高いものの、一旦受け入れられれば社会に急進的な変化をもたらす可能性を持っている。

では、このようなビジョンは、どのようにして組織の中で受け入れられていくのだろうか。それは主に、二つの異なるアプローチから実現される。

[1]「Ⅱ－2　デザイン・ドリブン・イノベーション」参照。

[2] open innovation. 自社にとどまらず広く他社や大学、官公庁、起業家など異業種、異分野を結集し、それらの技術や情報、サービスを組み合わせてイノベーションにつなげる方法論。

[3] crowdsourcing. 群衆（crowd）と業務委託（sourcing）を組み合わせた造語。特定の人々に作業を委託するアウトソーシングと異なり、不特定多数の人からの寄与を募って、必要なサービス、アイデア、資金等を取得する方法。

一つは、**トップダウン**によるアプローチである。イノベーション研究の分野では、組織のビジョン開発は、アイデア開発におけるボトムアップのプロセスとは対比的に、しばしばトップダウンのプロセスを経るものと考えられている。組織のビジョンは、①トップマネジメントが新たなビジョンを創造し、②それを組織の中に浸透させていくプロセスを通して形成されるのであり、この二つの取り組みをどのように効果的に実行するかが重要になってくる。大規模な企業組織などの場合は、組織や事業の硬直化が起こりやすく、トップマネジメントにとってもその変革は容易ではない。

もう一つは、**ボトムアップ**の方向性である。組織のビジョン開発においても、アイデア開発と同じようなボトムアップのプロセスを経て行われる場合がある。それは、既存の支配的なビジョンに挑戦するような「急進的（radical）」なビジョンの変化が現れる場合である。

このような急進的なビジョンの変化は、**ラディカル・サークル**（radical circle）と呼ばれるグループを通して実現される。ラディカル・サークルとは、「革新的なビジョンを生み出すことを目的としている（＝ラディカル）、公式の組織スキーマの外側で交流する、自主的に結びついた個人の集まったグループ（＝サークル）」である。[4] このラディカル・サークルに参加する個人は、公式の仕事による関係で結びついているのではなく、それぞれの持つ現状のビジョンに対する不信感や、未来の方向に関する洞察を共有することによって結びついている。

[4] Verganti, R. and Shani, A. B. (2016) Vision transformation through radical circles: Enhancing innovation capability development. *Organizational Dynamics*, 45, 104-113.

ラディカルサークルの特徴は、①ビジョンの生成を目的として集まっていること、②チーム内での相互作用が強いこと、にある。これは既存の組織科学の文献で示されてきたグループとは異なる特徴を持っている（図Ⅱ－8[5]）。

たとえば、トップダウンの方向で組織変革を実現する**ビジョナリー・リーダーシップ**[6]（visionary leadership）や、**変革型リーダーシップ**[7]（transformational leadership）のモデルは、ビジョンを生成することを目的としている点で似ているが、このようなリーダーは非常に稀有な存在であって、完全に個人の性質に依存してしまうという問題点がある。これに対してラディカル・サークルは、ビジョンを生み出すための社会的リソースをグループ内で共有しており、かつボトムアップのプロセスを経るため、トップマネジメントのリーダーシップに依存しない。

また、**オープン・コミュニティ**のようなソリューションを求める大人数のグループとも異なる。なぜならラディカル・サークルの目的はビジョンを生み出すことであって、アイデアを募ることではないからである。さらに、メンバーの能力やスキルに関係して招集される**製品開発やコンセプト開発チーム**といった公式的なチームとも異なり、あくまでビジョンを中心に自主的に組織されるという特徴を持つ。

たとえば、ベルガンティとシャニ[4]では、マイクロソフトのゲーム機であるXbox の事例を用いてこれを説明している。Xbox のビジョンは、「ゲームはハ

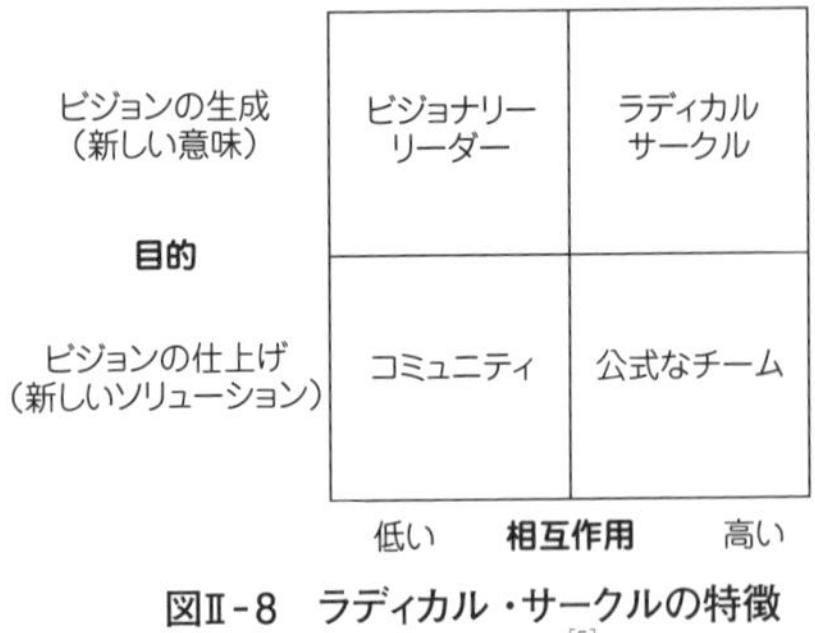

図Ⅱ-8　ラディカル・サークルの特徴
（Verganti, 2017[5]）

［5］Verganti, R.（2017）*Overcrowded*. Harvard Business Press.（安西洋之・八重樫文監訳／立命館大学ＤＭＬ訳（2017）『突破するデザイン』日経ＢＰ社）

イアート（高級芸術）であり、その開発者はアーティストである」というものであり、これはプレイヤーだけでなく、ゲームソフトの制作者に対しても、その創作意欲を刺激するプラットフォームとして提案された。

２００１年にXboxが製品化されるまで、同社のゲーム市場に対する姿勢は、「ゲームはWindowsを通してプレイされるべきである」という方向づけがなされていた。しかし、これに対して不満を持つ四人の非公式に集まった組織成員によって、ゲーム開発者（アーティスト）の**創造性**[8]を刺激するためのプラットフォームという、抜本的に新しいビジョンを持った製品が提案されることになった。彼らは前述のビジョンを、グループ内での対話を経てより強い方向性として鍛えていき、社内での折衝を経て、最終的にそれを市場に提案するまでに至った。実際に提案されたXboxは、既存のWindowsと互換性のないまったく新しいＯＳが搭載されており、そこからこれまでの事業を再定義する新たなビジョンが提案されたことが確認できる。[9]

マイクロソフトのXboxという製品のビジョンは、社内の小さなラディカル・サークルから始まったものであり、これは最終的に同社の組織のビジョンに劇的な変化をもたらすこととなったのである。

[6] Nanus, B. (1992) *Visionary Leadership*. Jossey-Bas 訳（1994）『ビジョン・リーダー――魅力ある未来像の創造と実現に向かって』産能大学出版部）

[7] Tichy, N. M. and Devanna, M. A. (1986) *The Transformational Leader*. John Wiley & Sons.（小林薫訳（1988）『現状変革型リーダー――変化・イノベーション・企業家精神への挑戦』ダイヤモンド社）

[8]「V－4　創造性」参照。

[9] Verganti, R. and Shani, A. B. (2016) Vision transformation through radical circles: Enhancing innovation capability development. *Organizational Dynamics*, 45, 104-113.

Ⅱ－6

クリエイティブ・コミュニティ
——オープンなアイデア資源の活用

これまで企業は自社単体で自前主義と呼ばれるクローズドな製品開発に着手する傾向にあったが、近年の顧客ニーズの多様化、製品ライフサイクルの短期化、グローバルマーケットでの競争の激化などのさまざまな理由によって、企業内部のみで技術や製品を開発することがもはや現実的ではなくなってきた。自社内での開発に固執すれば、現代の加速するイノベーションのスピードについていくことができずに、市場機会を失うことにつながってしまうからである。そのために、多くの企業は外部とのネットワークの中で資源を調達し、技術や製品の開発を行う**オープンイノベーション**を取り入れてその効率化を実現しており、その有効性が示されてきている[1]。

さらに現代では、**クリエイティブ・コミュニティ**（creative community）と呼ばれるコミュニティが世界中に広がってきている。クリエイティブ・コミュニティとは、文字通りアイデアや問題解決に携わるオープン・コミュニティである。これは、オープンイノベーションの議論されてきた技術開発・活用だけでなく、創造的なアイデアですらも調達することが可能であるということを示している[2]。

[1] Chesbrough, H. (2003) *Open Innovation: The New Imperative for Creating and Profiting from Technology*. Harvard Business School Press.（大前恵一朗訳 (2012)『Open Innovation —— ハーバード流イノベーション戦略のすべて』産能大出版部）

[2] Verganti, R. (2017) *Overcrowded*, Harvard Business Press.（安西洋之・八重樫文監訳／立命館大学ＤＭＬ訳『突破するデザイン』日経ＢＰ社）

経済学者・社会科学者であるリチャード・フロリダ[3]は、２００２年の著書『クリエイティブ資本論[4]』において、**クリエイティブ・クラス**（creative class）と称される創造的な仕事に携わる労働者層の形成を指摘している。２００５年の時点でも、米国の労働人口の約30％もの人々がクリエイティブな職業に従事していた[5]。

現在ではこの傾向はさらに進み、非常に多くの人々がクリエイティブな仕事に携わっているとされている。さらに、３Ｄプリンターやアプリケーションの普及により誰でもものづくりに参加することが可能となり、これまでユーザーと考えられていた人々がつくり手としてその**創造性**[6]を発揮している。

これらは**ユーザーイノベーション**の事例からも見て取れる。実際にユーザーイノベーションを提唱したエリック・フォン・ヒッペル[7]らが実施した日本・英国・米国の18歳以上を対象にした調査によると、イノベーションを起こした日本の消費者は３・７％、およそ３９０万人に上るという。ちなみにこれは製品の改善だけでなく、新製品の開発も含まれている。金額で言えば、実に年間０・58兆円ものアイデア開発費が、社会に埋まっているということになる[8]。

また、ＩＣＴ[9]に代表されるデジタル・テクノロジーの発展によって、誰もが容易にアイデアを募集・アクセスできるようになった。オープンイノベーションやクラウド・ソーシングを目的とした非常に多くのネットコミュニティが存在しており、広く創造性を収集することができる社会が形成されつつある。たとえば、サイエンス

[3] Richard L. Florida. １９５７年生。アメリカの社会学者。

[4] Florida, R. (2002) *The Rise of The Creative Class: And How It's Transforming Work, Leisure, Community, and Everyday Life.* Basic Books.（井口典夫訳 (2008)『クリエイティブ資本論――新たな経済階級の台頭』ダイヤモンド社）

[5] Florida, R. (2005) *The Flight of The Creative Class.* Harper Collins.（井口典夫訳 (2007)『クリエイティブ・クラスの世紀――新時代の国、都市、人材の条件』ダイヤモンド社）

[6]「Ｖ－４　創造性」参照。

[7] Eric von Hippel. １９４１年生。アメリカの経済学者。

[8] von Hippel, E., Ogawa, S. and de Jong, P.J. (2011) The Age of the Consumer-Innovator. *MIT Sloan Management Review, 53*(1), 27-35.

やエンジニアリングに特化したコミュニティサイトである**"InnoCentive"**は、30万人を超える登録者を抱えており、企業は自社の問題を解決するためのアイデアをここで募集することができる。[10] また、デザインとコミュニケーション分野であれば、**"Designboom"**というサービスがある。ここでは企業が自社に必要なソリューションを課題として提供し、**web**上でコンペティションが行われている。それぞれの案件について3000~6000件ほどのアイデアが常に集められているとされる。[11]

国内の事例では、2007年に良品計画が、消費者の創造性を商品開発に生かすためのコミュニティサイトである「空想無印」というサービスを提供していた。これは、商品化してほしいアイデアを投稿し、そのアイデアに一定数の支持が集まれば、実際の商品開発を行うというものであった。2018年現在では**"IDEA PARK"**というサービスで消費者のアイデアを汲み取る仕組みを運営している。[12]

このように、近年では外部者の創造性ですら利用できる仕組みが活用されており、いわゆる「クラウド・ソーシング型」のアイデア開発が進んでいる。

クリエイティブ・コミュニティの創造性を支えるのは、近年開発の進むさまざまなＩＣＴツールである。実際に、インターネット上で不特定多数の人間とインタラクションをとりながらアイデアを可視化し、**プロトタイピング**[13]を行えるようなサービスも発展してきている。国内においても、消費者とメーカーの垣根を越えるような創造的なコミュニティの発展が期待される。

［9］ＩＣＴは「Information and Communication Technology」情報通信技術。

［10］InnoCentive（https://www.innocentive.com/）

［11］Designboom（https://www.designboom.com/）

［12］無印良品 IDEA PARK（https://idea.muji.net/）

［13］「Ⅴ－6　プロトタイピング」参照。

III　戦略的デザイン

Ⅲ－1

デザイン戦略

――デザインを活用した経営戦略の策定

デザインは企業にとって重要な戦略的な要素として捉えられている。2010年代にマッキンゼー・アンド・カンパニー、アクセンチュア、博報堂DYホールディングスといったコンサルティング会社が立て続けにデザイン会社を買収したことからも、デザインの戦略的資源としての価値が高まっていることは疑うべくもない。実際にデザインとビジネスに関する国際的な団体であるDesign Management Instituteが2015年に公開した調査結果によれば、デザインを重視する企業の株価は2005年から10年間の間に211%もの上昇を遂げている。[1] 企業はこれまでのようにデザインを製品の意匠として考えアウトソーシングするのではなく、企業内にデザイン知を保有し、ケイパビリティ[2]を獲得しようと努めている。

デザイン戦略は、簡潔に表現すれば「デザインを主軸に置いた戦略」ということになる。しかし、この「デザイン」という資源は、コーポレート・アイデンティティやブランドのような消費者の目に見えるタンジブルなものと、知識や思考法を通したビジネスモデルの形成といったプロセスに資する知識と思考法といったインタンジブ

[1] DMI Design Value Index Results and Commentary (https://www.dmi.org/page/2015DVIandOTW)

[2] 「I－3 デザインマネジメント・ケイパビリティ」参照。

ルな資源の二つの側面を持っている。そのため、一概にデザイン戦略という言葉の示す範囲を定めることはできない。特に後者は、**戦略的デザイン**[3]（Strategic design）とも呼ばれ、企業における戦略策定の観点を含んでいる。

スティーブンスとモートリー[3]は、デザイン戦略と戦略的デザインの観点の違いを端的に示している。デザイン戦略とは、プロダクトデザインのレベルに関しての長期的なプランを実行することであり、それは全社戦略にまでは至らない。これはよく訓練されたデザイナーやデザインマネジャーが実行するものであり、企業のデザイン・アイデンティティを統一し、ブランド価値を生み出す源泉になる。一方で戦略的デザインは、社内外のインフルエンサーやステークホルダーの複雑な相互作用を含むものであり、組織内で完結するものとは考えられていない。つまり、戦略的デザインは優れたプロダクトやサービスのデザインからだけでなく、デザインのよりよい「使い方」から広く利益を得ようとする考え方であると言える。

では、企業が実行するデザイン戦略にはどのようなものがあるか。ズルロとカウテッラ[4]によれば、デザイン戦略は企業の置かれたビジネス上のコンテクストによって、四つの志向性に分かれるという。

一つは、スタイリング・再構成を主としたデザイン活用の方向性である。これは技術や市場が固定化している成熟した産業において実行されることが多い。ここではデザイン活用は最終製品の色や形に限定されており、デザイナーは製品のスタイリン

[3] Stevens, J. and Moultrie, J. (2011) Aligning strategy and design perspectives: A framework of design's strategic contributions. *The Design Journal, 14*(4), 465-500.

[4] Zulro, F. and Cautela, C. (2014) Design strategies in different narrative frame. *Design Issues, 30*(1), 19-35.

グや**製品言語**[5]の再構成に関する業務を担う。過去の製品スタイルラインの再生産や、他の製品群の持つスタイルの置き換え・合成を通して、新たな製品意匠を提案する。

二つ目は、新技術の受容緩和の方向性である。企業は既存の市場に対して革新的な技術を活用しようとする場合、消費者に受容されず拒否される可能性が高い。この新技術と消費者の認知の間を橋渡しするために、企業はあえて従来と同じ製品のスタイルを踏襲することで、これを緩和する。たとえばトヨタのプリウスが新しいエンジンシステムを導入した際に、従来の自動車の持つ製品言語をそのまま使用することで、この新技術の受容拒否感を緩和している。

三つ目は、ユーザー中心のアプローチである。これは新たな技術開発を行わずに従来の技術のみを用いて、新しい製品カテゴリーを生み出す際に有効である。たとえば、山善の小型食器乾燥機は、プラモデルの塗装を乾燥させるためのドライブースとして使われていることは、ユーザーの間では有名である（ユーザーの製品レビューを見れば一目瞭然である）。この商品は実際にはドライブースとして提供されている製品ではないが、ユーザーの使用文脈の観察を通して、このような既存技術の持つ新たな可能性を描き、新たな市場へと応用することもデザイン戦略の一つの方向性である。

最後の四つ目は、技術や市場が固定化されていない状況において、真に新たなビジョンとそれに伴うストーリーの抽象化を通して、ビジネスモデルやエコシステムそれ

[5]「Ⅲ－2　製品言語」参照。

自体を探索・創造する方向性である。ここではデザイナーは組織を取り巻く環境や基本的なネットワーク関係についても影響を与え、新鮮な洞察を得るための境界を拡張する。新たなビジネスが生み出すシステム全体を見渡し、相反するステークホルダーの要求を調整する仲介者として振る舞い、その戦略をサポートする。

このように、デザイン戦略においては、企業のアイデンティティを表すタンジブルな価値だけでなく、戦略の策定自体を支える戦略的デザインの側面を含んでいる。顧客の心を開き、新たなソリューションを実装するための信頼を構築し、戦略策定の意思決定に影響を与えることを可能とするのである。

Ⅲ－2

製品言語

——製品の持つ意味を伝える媒介

デザインの語源は、〝脱・しるし化する（designare）〟ことであると言われている。[1] デザインは、あるものが持つ何かしらの「意味」を取り出し、新しい何かにこれを付与する。このようなモノの持つ抽象（abstract）は、プロダクトデザインの領域では**製品言語**（product semantics; product language）と呼ばれている。

製品言語とは、製品の形やテクスチャ、ディティール、素材等の要素を含んだ象徴的で物質的な製品特性のことである。[2] 近年の**デザイン主導型イノベーション**[3]に関する研究において、この製品言語はイノベーションを伝える（または伝えない）ための積極的な役割を持っていることが明らかになってきている。

たとえばミラノ工科大学のデレッラ[4]とベルガンティ[5]は、製品の持つ意味を伝える際に、デザインによる製品言語の操作が重要な役割を果たすことを主張している。[6] 彼らは、製品の持つ意味の普及（diffusion）が何によって促進されるかを明らかにするために、イタリアの家具産業を対象に新しい製品言語がどのように広まっていくかを分析している。結果として、意味の普及速度を高めることに、多様なデザイナーとのコ

[1] 松岡正剛（2018）『デザイン知』角川ソフィア文庫

[2] Cautela, C., Simoni, M. and Zurlo, F. (2018) New wine in old bottles or new bottles for new wine? Product language approaches in design-intensive industries during technological turmoil. *Creativity and Innovation Management*, 1-15.

[3]「Ⅱ－1 デザイン主導型イノベーション」参照。

[4] Claudio Dell'Era. ミラノ工科大学デザイン戦略准教授。

[5]「Ⅱ－1 デザイン主導型イノベーション」注［5］参

ラボレーションがポジティブな影響を与えることを明らかにしている。

また、製品言語はある製品や特定のモノに付随するように思えるが、実際にはそうではなく、一度形づくられると、それ自体が独立して伝搬可能な要素になる。たとえば、１９９３年にアレッシィ社が"Family Follows Fiction"[7]という作品として発表した製品言語は、家具メーカーであるカルテル社の１９９０年代の製品、１９９８年のＰＣメーカーのアップルのｉＭａｃにも応用されたとされており、その製品言語自体が独立して普及していることがわかる。このように、製品言語とその抽象は、一つの製品や産業のタイポロジーから、異なる産業や製品へと移し替えることが可能である。

このような異なる社会や産業への製品言語の伝搬は、デザイナーの重要な役割の一つでもある。デザイナーは言語や意味の「**知識仲介者**（knowledge broker）」として、そして画期的な製品意味の創造者として、この製品言語の操作に携わる。特にフリーランスのデザイナーや、デザイン事務所に所属するデザイナーは、さまざまな業界に携わるクライアントから依頼を受けることでそれぞれのトレンドを把握しており、そこで得られた新たな技術や知識を組織へと伝播する仲介者の役割を持っている。

経営的な観点から見れば、これは重要な外部資源になりうる可能性を秘めている。たとえば、技術経営の分野では、「技術仲介者（Technological Broker）」や「ゲートキーパー（Gate keeper）」と呼ばれる技術情報を組織内部に伝搬する役割を持つ個人が、

照。

［6］Dell'Era, C. and Verganti, R. (2011) Diffusion processes of product meanings in design-intensive industries: Determinants and dynamics. *Journal of Product Innovation Management*, 28, 881-895.

［7］Family Follows Fiction (http://www.gastronomiamediterranea.com/alberto-alessi/)

イノベーションの達成のための重要な役割を持つことが明らかになっている。これと同様に、製品の意味の世界においては、デザイナーがその役割を負っているのである。

製品言語を効果的に操作することによって、これまでにない**プロダクト・アイデンティティ**（Product identity）を形成することが可能となる。プロダクト・アイデンティティとは、企業の持つ製品または製品群の持つアイデンティティのことである。コーポレート・アイデンティティが企業のロゴや商標を指すのに対して、これは製品それ自体のアイデンティティを指し、他社製品との差別化を生む独自性の基盤となる概念である[8]。

プロダクト・アイデンティティを効果的に操作することで、製品の印象を変化させることも可能である。たとえば企業が新たな技術を導入しようとする際には、既存のアイデンティティを引き継ぐことで、市場に受け入れられない不確実性を低減することが可能となる。また、継続的に開発された技術であっても、革新的な製品言語を取り入れることで技術の魅力を再び表現することができるといったように、テクノロジーを強調、または抑える（de-emphasize）ことが可能である（図Ⅲ-1[2]）。

特に技術的イノベーションが頻繁に起こらない分野では、製品言語やプロダクト・アイデンティティを効果的に操作していくことは非常に重要である。

[8] Karjalainen, T. M. and A. Warell. (2005) Do you recognise this tea flask? Transformation of brand-specific product identity through visual design cues. *Proceedings of International Design Congress –IASDR 2005*, Taiwan, 31 October-4 November.

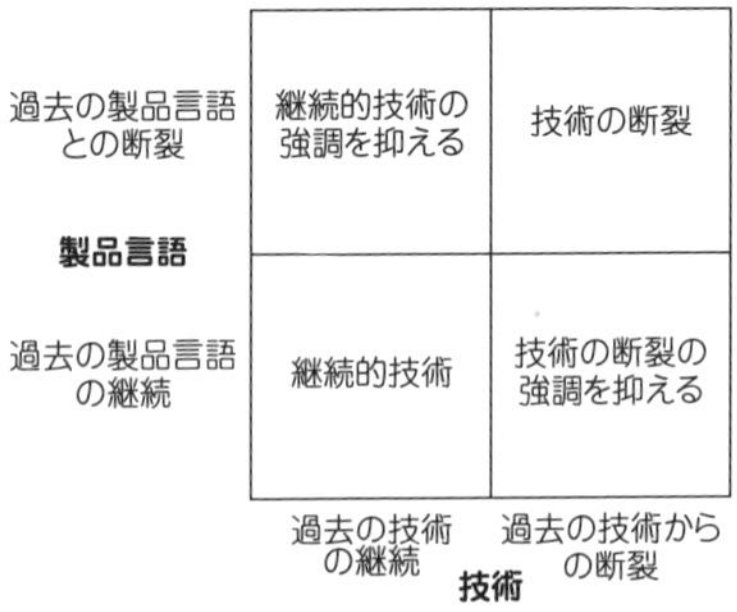

図Ⅲ-1　製品言語と技術の関係性
（Cautela *et al.*, 2018[2]）

Ⅲ－3

社会文化ロードマップ

――社会文化モデルのリサーチと未来予測

自社の製品がこれからどのように発展し、どのような分野に影響を与えて新しい領域を創造するのかを具体的に予想することは非常に重要である。なぜなら、これによって企業は研究開発の方向性を確認することができるからである。どのような企業であっても、自分たちがその構成員となる未来を見据えて、何かしらの未来予測とビジョンを立て、**ロードマップ**（Roadmap）を作成する必要性がある。

一般的にロードマップを作成するには、企業の各部門に所属するスタッフを一堂に集め、ディスカッションを進めながらそれぞれの要素技術の可能性について聞き取り、調整を行い、徐々に形成していく方式がとられる。ロードマップはその目的別に、以下の三つの種類に分類することができる。[1]

①技術ロードマップ

技術ロードマップは、自社の製品の仕様に不可欠な技術に関して記載されたものである。現在自社が持っている技術がどのように進化し、将来的にどのような領域と影響関係を持つようになるのかを予測し、記載する。特に日本企業の場合は、自社の保

［1］古田健二（2006）『第5世代のテクノロジーマネジメント――企業価値を高める市場ニーズと技術シーズの融合』中央経済社

有している要素技術を念頭においた技術ロードマップとして描く場合が多い。

②製品ロードマップ

製品ロードマップには、自社の技術と市場の課題とを照らし合わせて、どのような製品を今後生み出していくべきかを記載する。将来の市場のニーズを的確に把握し、それを満足させる製品群を生み出すために用いられる。

③市場ロードマップ

市場ロードマップは、現在の市場動向やニーズをベースとして作成される。自社戦略から導き出される対象市場において、現在や今後発生するであろう問題を分析し、それを記載する。

これらのロードマップは、企業内での進捗管理等のプロジェクト管理の側面だけでなく、組織のビジョンを達成するための**プロセスの共有**という点においても非常に有効であり、部門間のコミュニケーションを円滑にする役割を持つ。また、これを社会に対して広く公開することで、技術群が発展して実現されるであろう社会の未来像を示すことができる。

たとえばヘルスケア製品や医療器械を扱う電気機器メーカーのフィリップスは、自社の製品が今後どのような未来をもたらすかについてまとめた〝Vision of the Future〟という映像を公開し、社会にその世界観を広く訴えかけている。特にオープンイノベーション[2]の文脈で捉えれば、戦略的にロードマップを用いることで、自社を中核企業

[2]「Ⅱ－5　ラディカル・サークル」参照。

としたビジネス・エコシステムを想定することも可能となる。

しかし技術中心のロードマップは、時として技術開発それ自体が目的化されることで、破壊的イノベーションの対象となってしまったり[3]、技術の社会的に形成に関する議論に代表されるような、技術決定論的な罠に陥りやすい。

これに対してベルガンティ[4]は、デザイン主導の製品開発は、技術的なリサーチだけでなく**デザイン・ドリブン・リサーチ**と称される、**社会文化モデル**（Socio-cultural model）のリサーチが重要な役割を持っていることを主張している[5]（図Ⅲ－２）。

この社会文化モデルのリサーチとは、現在の社会においてどのような文化や意味が形成されつつあるのかを人口動態やトレンド分析、生活者の意識的な変化に関する質的な調査を通して、仮説として形成するものである。

技術ロードマップでは、現在の市場のニーズが牽引する漸進的な改善案が中心となり、具体的な活用が想定されない突飛な技術を開発することは困難である。しかしこれは、まだ見ぬ潜在的なイノベーションの可能性を排除することにつながってしまう。これに対して、デザイン・ドリブン・リサーチから得られる**社会文化ロードマップ**を導入することにより、将来的な社会文化と技術革新の方向性をすり合わせることが可能となる。

ここで重要なのは、技術開発が（技術が生み出す）継続的な未来を想定しているのに対して、デザイン・ドリブン・リサーチは「断続的な未来」を想定しているという

［3］「Ⅱ－１　デザイン主導型イノベーション」参照。

［4］「Ⅱ－１　デザイン主導型イノベーション」注［５］参照。

［5］Verganti, R. (2009) *Design-Driven Innovation*. Harvard Business Press.（佐藤典司・岩谷昌樹・八重樫文／立命館大学DML訳 (2016)『デザイン・ドリブン・イノベーション』クロスメディア・パブリッシング）

［6］鷲田祐一編著 (2016)『未来洞察のための思考法――シナリオによる問題解決』（KDDI総研叢書）勁草書房

点である。近年のグローバル経済化も相まって、社会の変化は非常に激しく断続的になってきている。

従来の日本企業では技術ロードマップのような**インサイド・アウト発想**の演繹的な手法が用いられるのが主流であったが、近年では生活者としての目線を重視した**アウトサイドインの発想**から未来を想定する手法の必要性が増してきている。鷲田[6]はこれを、「未来予測（forecast）」ではなく「未来洞察（foresight）」であるとしている。未来を現在の線形の上にあるものと捉えるのではなく、社会文化的なリサーチで得たさまざまな情報を持って帰納的に推論し、これを技術ロードマップの演繹的な推論と組み合わせることで、改めて企業の目指す未来を創造していくことが求められている。

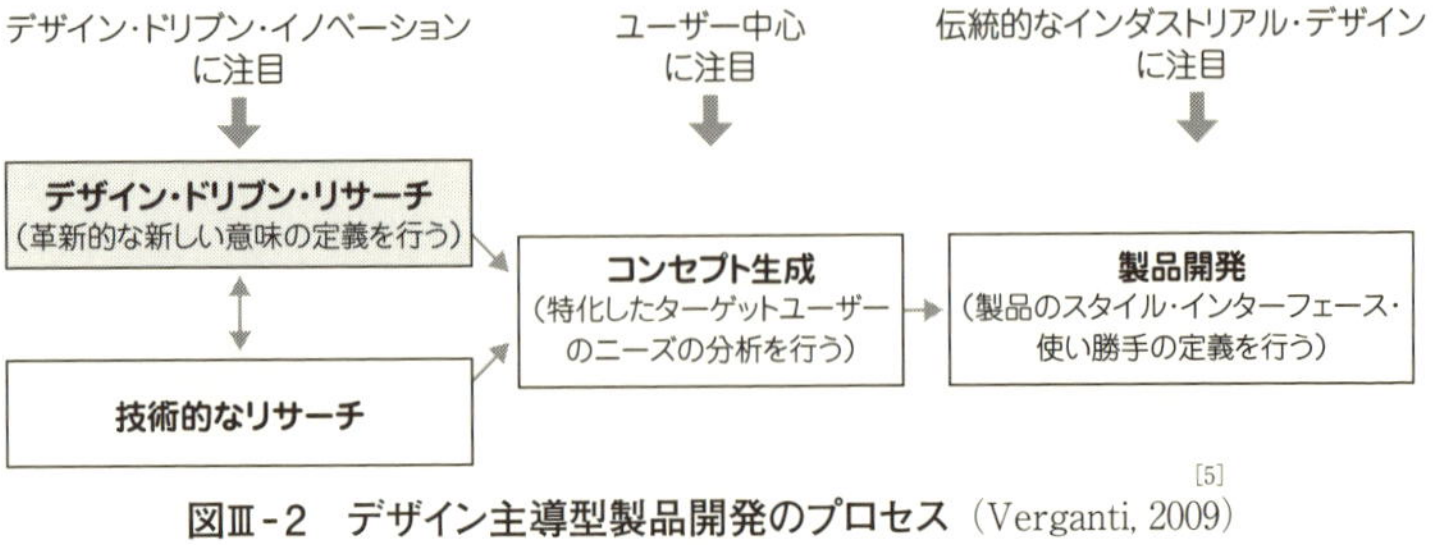

図Ⅲ-2　デザイン主導型製品開発のプロセス（Verganti, 2009）[5]

Ⅲ－4 サービスデザイン
――経験中心の新たなデザイン領域

多くのモノが溢れる現在では、消費者の購買動機は、製品の持つ機能から製品・サービスが生み出す「経験」へと移り変わっている[1]。実際に消費者の支出の約八割はモノ自体の購入ではなく、アフターマーケットを中心としたサービスの購入に充てられているとされ[2]、多くの製造企業がモノを中心にしたビジネスからサービスを中心にしたそれへと舵を切る**サービタイゼーション**[3]という現象も見られる。

サービスデザインは、このような消費者の得る経験を中心に考える新たなデザイン領域である。近年デザインの対象は、タンジブル（有形）なモノからインタンジブル（無形）な対象へと広がりを見せている[4]。

サービスデザインに関する研究は１９９０年代から行われている。この初期のサービスデザイン研究を先導したのは、ミラノ工科大学のデザインスクールに属する研究チームであった。パチェンティとサンジョルジ[5]によると、ミラノ工科大学におけるサービスデザイン研究の始まりは、インダストリアルデザイン学科のエツィオ・マンズィーニ[6]と二人の修士の大学院生によって行われた研究であったとされている。

[1]「Ⅲ－5 経験価値」参照。

[2] Wise, R. and Baumgartner, P. (1999) Go downstream: The new profit imperative in manufacturing. *Harvard Business Review*, 77(5), 133-41.

[3] Vandermerwe, S. and Rada, J. (1988) Servitization of business: Adding value by adding services. *European Management Journal*, 6(4), 314-324.

[4] インターネットやＩＣＴの普及に伴うビジネスモデルの変化によって、サービスデザインを専門にしたコンサルティングファームやサービスデザイナ

この研究チームによって明確化されたサービスデザイン研究に特徴的な視点は、大きく分けて次の二つにある。

一つは、製品とサービスをどのように統合し提供するべきかを対象とした、デザインの新たな領域を定義したことである。これはスカンジナビアにおいて発展してきた**参加型デザイン**[7]や消費者との相互作用に焦点を当てるサービス・マーケティングと同様の背景を持っていると考えられる。すなわち、それはサービスの提供者と消費者の相互作用による**共創**（co-creation）というアプローチを取り入れ、そこで行われる価値創造を対象にしているということである。

このデザイン領域は、インタラクションデザインの領域で発展してきた**人間中心デザイン**[8]の視野を拡大し、製品やサービスの利用を通して消費者が得ることのできる経験全体を対象にしている。

そして二つ目の視点は、**経験価値**[9]を生み出すことに加えて、**サステイナビリティ**（sustainability）の観点から、環境負荷低減の手段としてサービスデザインが提言されたことである。それまでのサステイナビリティに関する議論の焦点が、地球環境や国家といったマクロスケールに偏っていたことに対して、サービスデザインは、ミクロスケールから最適化を試みる個人戦略としての性質を持っていた。環境に配慮し、経済的かつ社会的な持続可能性を生み出すための答えとして、サービスデザインは潜在的な可能性を持つコンセプトとして捉えられていたのである。

ーが増加し、企業から公共機関まで、さまざまにデザインの知の活用が見られる。

[5] Pacenti, E. and Sangiorgi, D. (2010) Service design research pioneers: An overview of service design research developed in Italy since the 1990s. *Design Research Journal, 1*(10), 26-33.

[6] Ezio Manzini. １９４５年生。イタリアのデザイン研究者。社会イノベーションとサステイナビリティ・デザインの国際ネットワーク、ＤＥＳＩＳの創立者。

[7]「Ⅴ－１　参加型デザイン」参照。

[8]「Ⅴ－２　人間中心デザイン」参照。

[9]「Ⅲ－５　経験価値」参照。

このようにサービスデザインは、消費者の体験に焦点を当てた人間中心デザインと、サステイナビリティの視点を併せ持つ、デザインの新たな領域に位置づけられるアプローチである。特にサービスデザインの実践ではデザインにシステマティックなアプローチを取り入れ、多くの手法が用いられることも特徴的であり、消費者起点から製品・サービスを開発する手法として注目を集めている。

たとえば、サービスと利用者の相互作用を指す**サービスインタラクション**の観点では、サービスの利用と提供のプロセスを時系列で捉えて、全体をフローチャートにして記述するサービスデザインの手法である**サービス・ブループリント**や、顧客の視点から特定のサービスの使用環境をマッピングして、顧客が得ることのできる経験を理解する**カスタマー・ジャーニー・マップ**といった手法を取り入れている。これらの手法を用いて可視化することによって、顧客が実際に得ている経験と現状のサービスの間のギャップの理解が可能となり、顧客のさらなるニーズの発見につながる。また**プロトタイピング**[10]を通して、サービスが生む顧客の全体の経験を可視化し、チームメンバー間での共通理解を築く役割も持っている。

サービスデザインの実践を通して、製品とサービスが有機的に統合された状態である**プロダクト・サービス・システム**[11]を形成することは、消費者の新たな経験を創出すると同時に、社会問題を解決するソリューションを生み出す可能性を含んでいる。

[10]「V-6 プロトタイピング」参照。

[11]「Ⅲ-7 プロダクト・サービス・システム」参照。

Ⅲ－5

経験価値

——経験を核とした消費者心理の変化

モノが十分に満たされていなかった時代には、消費者の購買動機は、製品の機能・コストといった単純な要素が中心として形成されており、より機能が強化され、効率の良い製品が求められると考えられてきた。しかし、多くのモノが溢れている現在では、消費者の意欲は製品・サービスを使用することによって生み出される総合的な「経験」に向いている。

たとえば、スターバックスが支持されるのは、コーヒーだけでなくこれを楽しむ空間や提供されるサービスを含めて、総合的に顧客が望む経験を生み出しているからである。また、アップルの製品は、製品の意匠だけが優れているわけではなく、それが手元に届き、使い始めるところまでが一連の経験としてデザインされている。

近年ではこのような消費者の得る経験、いわゆる**経験価値**（Customer Experience）に焦点を当てた企業戦略が注目を集めている。

この経験価値の概念を最初に紹介したのは、ジョセフ・パイン二世[1]とジェームズ・H・ギルモア[2]の著書である『経験経済[3]』とされている。さらに、経営学者であるバー

[1] B. Joseph Pine II. １９５８年生。

[2] Gilmore, James H. １９５９年生。

ンド・H・シュミット[4]が、その著書である『経験価値マーケティング』[5]を通して、経験価値という概念をマネジメントやマーケティングの文脈に広めていった。

マーケティング研究には、経験を扱う代表的な概念として**消費者経験**（Consumer Experience）と**経験価値**（Customer Experience）の二つが存在する。

消費者経験は、消費者の心理と行動に関する消費者行動論の視点から、消費者が企業のマーケティング活動をどのように感じ、知覚し、評価するかを対象にしているとされる。

一方経験価値は、マーケティング戦略を実行する企業が、どのようにすればよりよい顧客経験を創造できるかという、マネジメントの視点から議論されている。ここでの経験価値とは、顧客がその企業との関わりにおいて（製品やサービスを通して）得られる経験の全体を指す概念である。

経験価値という概念は、もともとは消費者行動研究における**快楽的消費**（Hedonic consumption）の流れを汲み発展してきた概念である。快楽的消費とは、消費することそれ自体が快楽であるような消費活動（劇場や演劇など）のことを指し、快楽的な側面であるファンタジー（fantasies）、フィーリング（feelings）、ファン（fun）といった要素の重要性が指摘されてきた[6]。この概念の提唱を機に、マーケティングの分野では、商品の機能や便益に関する議論にこれまでにない消費者の経験的な視点が取り入れられはじめた。

[3] Pine II, B. J. and Gilmore, J. H. (1999) *The Experience Economy: Work is Theatre and Every Business a Stage*. Harvard Business School Press.（岡本慶一・小高尚子訳 (2005)『[新訳] 経験経済――脱コモディティ化のマーケティング戦略』ダイヤモンド社）

[4] Bernd Herbert Schmitt. 1957年生。コロンビア・ビジネススクール国際ビジネス教授。

[5] Schmitt, B. H. (1999) *Experiential Marketing*. The Free Press.（嶋村和恵・広瀬盛一訳 (2000)『経験価値マーケティング』ダイヤモンド社）

[6] Hirschman, Elizabeth C. and Holbrook, M.B. (1982) Hedonic consumption: Emerging concepts, methods and propositions. *The Journal of Marketing*, 92-101.

経験価値の議論もこの流れを汲むものであるが、快楽的消費と経験価値の理論には大きく異なる点がある。それは、経験価値の考え方は機能や便益といった要素も顧客価値の中に含むということである。たとえば、快楽的消費が消費それ自体が目的になるような音楽や芸術、スポーツを対象にしていたのに対して、経験価値では機能や便益を併せ持つ車や携帯電話、パーソナルコンピューターといった有形財の消費をも対象にしている。つまり、経験価値マーケティングは、製品の機能や便益と異なるものとして快楽的消費を捉えるのではなく、消費の目的それ自体を経験という側面から捉えることによって議論を転回したのである。

たとえば、シュミットが提唱した経験価値マーケティングは、顧客の感性や感覚に訴えるマーケティングを展開していく方法を提唱している。[5] 経験価値について、シュミットは以下のように述べている。

「今日の顧客は、機能的特性や便益、製品の品質、ブランドのポジティブなイメージを、当然のものと捉えている。顧客が求めているのは、自分たちの感覚（sense）をときめかし、感情（heart）に触れ、精神（mind）を刺激する製品、コミュニケーション、マーケティング・キャンペーンなのである。彼らが欲している製品、コミュニケーション、キャンペーンは、自分たちのライフスタイルに関連づけることができ、取り込むことのできるものである。[7]」

さらに、シュミット[5]は、①ＳＥＮＳＥ（感覚的）、②ＦＥＥＬ（情緒的）、③ＴＨＩ

[7] 前出 Schmitt (1999), 46-47.

NK（創造的・認知的）、④ACT（肉体的）、⑤RELATE（準拠集団や文化との関連づけ）の五つを経験価値を構成する価値要素であると定義し、これらを「戦略的**経験価値モジュール**（Strategic Experiential Module：SEM）」と名付け、これらの五つの要素を総合的に高めることの重要性を説いた。

経験価値の視点は、近年の経験を核とした消費者の心理の変化を的確に捉えている。先のスターバックスやアップルのように、デザインが優れているとされる企業の多くは、この経験価値をデザインすることに成功し、提供している企業であると言えるだろう。

Ⅲ－6

身体化された認知

――環境との身体的なインタラクション

経営学の分野では、1990年代から2000年代にかけてイノベーションに関する研究に注目が集まり、新しいアイデアや製品を開発する方法とそのプロセスに関する議論が蓄積されてきた。しかし、ここで注意が必要なのが、たとえば非常に新しく画期的なアイデアが実現されたとしても、これまでの価値観では理解されにくいような革新的な製品であった場合、消費者に肯定的に受容されるかどうかはわからない、ということである。より新しい製品、これまでよりも機能的に良い製品が成功を収めるとは限らず、私たちが考えている以上に、多くのイノベーションが採用されるまでに長い年月を要している。[1]

たとえばＶＲ（Virtual Reality）技術は、これまでも何度もその普及が試みられてきたものの、成功しなかった代表的な例である。ＶＲ技術は1990年頃から世界的に研究開発が行われ、これまでに何度もこの技術をもとにした製品提案がなされてきた。

たとえばＶＲを体感するヘッドマウントディスプレイは、1995年に任天堂の「バーチャルボーイ」というゲーム機ですでに実現されていたが、ゲームユーザーか

[1] Rogers, E. M. (2003) *Diffusion of Innovations*, fifth edition. New York: Free Press.（三藤利雄訳（2007）『イノベーションの普及』第5版、翔泳社）

らの反応は冷たいもので、ほとんど普及しなかった。それにはいくつかの理由がある。その一つは、ゲーム機を通して消費者が得ることのできる経験がどのようなものであるかを想像しきれなかったことである。このディスプレイはテレビを使わないので友人とプレイを共有することができなかったし、コントローラは従来のデザインと同様のものが使われており、総合的な経験という観点から見ればユーザーのコンテクストに馴染まない、一貫性に欠けた製品であった。ＶＲ技術を用いたゲーム機は、２０１８年にソニーのPlayStation ＶＲヘッドマウントディスプレイが売り上げ３００万台を突破したことが注目を集め、普及の兆しを見せた。

このように、新技術がユーザーに受け入れられるためには、それによって顧客が得るであろう体験を適切にデザインする必要性がある。このような観点から、近年**身体化された認知**（Embodied Cognition）の重要性が議論されている。[2]

身体化された認知とは、人間が環境とやりとりしたときの直接的、物理的な反応から生まれる、環境に埋め込まれた認知を指す言葉である。日常的な生活の中で人々がどう考え、どう行動するかは、そこで採ることのできる選択肢と、埋め込まれた状況における精神的な解釈に強く影響を受ける。そのため、認知が頭の中だけで起こるものとして思考に焦点を当てる理論とは異なり、身体化された認知の理論や研究では、身体的な活動は人間の認識を理解する上で不可欠なものであると考えられている。[3]さらに、人間は身体的経験（bodily experience）と思考を比喩的に結びつけることがで

[2] Clark, A. (1997) *Being There: Putting Brain, Body, and World Together Again*. Cambridge, MA: MIT Press.（池上高志・森本元太郎監訳（2012）『現れる存在──脳と身体の世界の再統合』ＮＴＴ出版）

[3] Pecher, D. and Zwaan, R. A. (Eds.) (2005) *Grounding Cognition: The Role of Perception and Action in Memory, Language, and Thinking*. Cambridge University Press.

き、それによって抽象的な概念を構築・理解していることが明らかになっている。

この環境との身体的なインタラクションは、幼少期の認知発達の鍵となる概念でもある。[4] たとえば、親が乳児を抱くとき、体の接触により体温が上昇する。このとき体温の上昇を感知する脳の部分と、愛情の概念を理解する脳の部分で神経の発火が生じる。こうして乳児は愛情の概念を理解するという。

また歩行運動の経験により、対象の永続性[5]を理解するなど、幼児の空間認知能力を増加させる。このように、人が抽象的な概念を覚えていく際には、身体的経験を伴って定着させていくことが指摘されている。

マーケティングの消費者行動研究の分野でも、「温かい」→「優しい人」、「重いバインダー」→「重要な書類」のような、身体的経験の一部である触覚が、比喩的な理解や購買の意思決定に与える影響に焦点を当てた研究が取り組まれている。このような触覚と感情との自動的な関連づけに関しての研究は、触覚に関する消費者行動研究やセンサリー・マーケティング（Sensory marketing）などの分野で進められている。

このように、革新的な製品であればあるほど、それから得られる体験をどのように定義し、それを体感的に理解可能なものとして提供できるかが重要になってくる。そのためには、特に身体や行動からの**メタファー**[6]を用いることによって、どのような生活体験や文化体験が得られるのかを消費者が連想できるよう、理解を促進することが必要である。

［4］Klemmer, S. R., Hartmann, B. and Takayama, L. (2006) How bodies matter: Five themes for interaction design. *Proceedings of the 6th Conference on Designing Interactive Systems*, 140-149.

［5］モノが目に見えなくても存在し続けるということ。

［6］「V-5　メタファー」参照。

Ⅲ－7

プロダクト・サービス・システム

――サステイナブルな顧客経験の提供

顧客の購買動機が製品そのものの機能から製品の提供する**経験価値**[1]へと推移し、その概念に注目が高まるにつれて、製品の開発段階からどのように経験価値をサービスとして提供するかを考え、総合的なデザインを行う**サービスデザイン**[2]の研究分野が生まれてきた。このサービスデザイン研究の中で、**プロダクト・サービス・システム**（**Product service system:** 以下、ＰＳＳと略）という概念が提唱され、一つの大きな研究領域として発展しつつある。

ベインズら[3]によれば、ＰＳＳは２０００年頃からオランダやスカンジナビアにおける研究の中で概念化が進められてきたとされる。ＰＳＳにはさまざまな特徴があるが、大きく分けて二つの方向性が存在している。

一つは、ＰＳＳを製品とメンテナンスや保証などのサービスを組み合わせて一つのシステムとして提供する概念であると捉え、サステイナビリティの観点からこれを見る考え方である。これは、サービス研究の領域で蓄積されてきた考え方である。

たとえば、建設機械メーカーのコマツは、ＧＰＳやセンサーを搭載した建設機械

[1]「Ⅲ－5　経験価値」参照。

[2]「Ⅲ－4　サービスデザイン」参照。

[3] Baines, T. S., Lightfoot, H. W. and Evans, S. *et al.* (2007) State-of-the-art in product service-systems. *Journal of Engineering Manufacture, 221*(10), 1543-1552.

と、プロダクトの状態を把握することのできるKOMTRAXというシステムを同時に提供することで、適切なアフターサービスを提供することを可能にした。このシステムによってそれまでの故障から修理までのタイムロスをなくし、より満足度の高いアフターサービスを実現することが可能となった。

この事例にもあるように、プロダクトとサービスを効果的に組み合わせて提供することで、製品単体としてではなくプロダクトライフサイクル全体で収益性を高めることができるようになる。この点を踏まえると、PSSは大量生産・大量消費という環境負荷が高いビジネスモデルに対するカウンター・プロポーザルとしての性格を持つ。このようなサステイナビリティに着目するPSSのアプローチは、欧州では複雑な社会問題への解決策の一つとして注目を集めている。

もう一つは、近年のICT技術の発展やIOT（Internet of Things）への注目の高まりに伴って、Webやスマートフォンのアプリケーションを介したサービスの提案が顧客の新たな体験を創造する事例から捉えられる。ヴァレンシアら[4]は、このようなサービスと製品を統合した提供を**スマートPSS**（Smart-PSS）と定義している。近年のWebを介したサービスであるスマートPSSには、①双方向のコミュニケーション、②セルフサービスといったこれまでにない特徴があることを指摘しており、ICTの技術的な発展がサービス提供者とユーザーの間に新たなインタラクションを形成していると主張している。

[4] Valencia, A., Mugge, R., Schoormans, J. P. L. and Schifferstein, H. N. J. (2015) The design of smart product-service systems (PSSs): An exploration of design characteristics. *International Journal of Design*, 9(1), 13-28.

この二つ目の観点におけるPSSの特徴は、製品とサービスが組み合わされて、単一のソリューションとして顧客へと提供されること、さらにこれによって新たな経験価値が付与されることにある。[5] この観点は、ユーザーとコンピューターのインタラクションに関する研究として、サービスデザインやインタフェースのデザインに関する研究分野で知見の蓄積がなされている。

たとえば、アップルは音楽を携帯して聴くための iPod だけなく、iTunes という音楽配信用のシステムを開発して、これを組み合わせて提供することで破壊的なサービスを生み出した。また、アマゾンは電子書籍だけでなく Kindle という顧客とのコミュニケーション媒体を合わせて提供して、顧客とのインタラクションポイントを自らつくり出している。その他にも、ナイキはランニングシューズと Nike+ というシステムを組み合わせたサービスを提供することで、独自のユーザーコミュニティを築いているなど、さまざまな活用の例が見られる。

これらの企業はICT技術を非常に効果的に取り入れることで、これまでのプロダクトのみでは実現できなかった新たな経験価値を提案している。モノからコトへの移行が叫ばれる中、PSSに代表されるシステムの考え方は、リニアな問題解決ではない包括的なアプローチの可能性を提示している。

[5] Goedkoop, M. J., van Halen, C. J. G., teRiele, H. R. M. and Rommens, P. J. M. (1999) Product service systems: Ecological and economic basics. *Report for Dutch Ministries of Environment (VROM) and Economic Affairs (EZ)*, Netherlands: ricewaterhouse Coopers, Storm C. S. and Pre Consultants.

Ⅲ－8

コンテクスト・デザイン

――ユーザーの生活文脈の調査分析と理解

コンテクスト・デザイン（context design）とは、ユーザーの生活文脈の調査分析に基づくデザイン手法のことである。

生活文脈＝コンテクストは、デザインを行う際に考慮すべき重要な要素の一つである。なぜなら、デザインは本質的には現在の状況を望ましいものに変えるべく行われるものであるため、状況に対する依存性が高い行為となるからである。デザイナーは、状況とのインタラクションを通してその場の問題状況の定式化と解決を行っていく。近年では、顧客の**経験価値**[1]を高めるために、ユーザーの属する文脈をよく理解して製品やサービスを開発することの重要性が高まってきており、多くの企業が何らかの方法を用いて顧客のコンテクストを理解する取り組みを行っている。

たとえば、近年マーケティングの分野で注目される概念である**サービス・ドミナント・ロジック**（service-dominant logic：以下、S－Dロジックと略）では、このような価値を**文脈価値**（value-in-context）と呼んでいる。S－Dロジックとは、経済交換がモノ中心から企業の持つ専門化されたナレッジやスキルといった「サービ

[1]「Ⅲ－5　経験価値」参照。

ス」を中心とするものへとシフトすることを前提にして、経済交換の論理を構築しようとする論理である。[2] 文脈価値は、製品あるいはサービスが消費される際の消費者の持つ特有のコンテクストにおいて認知される価値であるとされている。

これまでの製品を主体とした論理は、製品の価値は企業が生産し、消費者はそれを受け入れるという暗黙的な消費の前提に基づいていた。しかし現在のようなサービスが主体となりつつある社会においては、消費者と企業がコンテクストの中でその価値を**共創**（co-creation）していくことが必要となる。こうした背景のもとでは、企業にはユーザーのコンテクストを深く理解することが必然的に求められてくるのである。

では、コンテクストとはどのような性質を持つものなのだろうか。上野[3]によれば、コンテクストとは、「予めそこに存在するもの、誰かに与えられる類のものではなく、活動に関与する当事者によって即興的に、局所的に理解可能になり、また組織化される」ものである。この即興的・局所的という点を鑑みれば、コンテクスト・デザインには、ユーザーや消費者の「実際の生活を切り取る」技術が非常に重要になってくる。

マグワイア[4]は、このようなユーザーやステークホルダーのコンテクストを慎重に見極めるには、**人間中心デザイン**[5]のアプローチを適用することが望ましいとしている。特に、人々と環境の間に発生するインタラクションを探索・分類し、記述するための**文脈的デザイン手法**[6]（contextual design techniques）を用いたデザインリサーチを提案している。特にここでは、その中でも**コンテクスチュアル・インクワイアリー**

[2] 南知恵子 (2010)「サービス・ドミナント・ロジックにおけるマーケティング論発展の可能性と課題」『国民経済雑誌』*201*(5), 65-77.

[3] 上野直樹 (1999)『仕事の中での学習――状況論的アプローチ』東京大学出版会 63.

[4] Maguire, M. (2001) Methods to support human-centred design. *International Journal of Human-Computer Studies*, 55, 587-634.

[5]「V－2　人間中心デザイン」参照。

[6] Beyer, H. and Holtzblatt, K. (1998) *Contextual Design: Defining Customer-Centered System*. Morgan Kaufmann.

（contextual inquiry）の手法を説明する。

この手法は**文脈的質問法**とも呼ばれ、基本的には製品のユーザービリティの向上のために行われる。ただし、プロトタイプを用いてユーザービリティを検証するユーザーテストとは異なり、ユーザーのコンテクストの理解を目的として実施される場合が多い。たとえば、対象となる特定の仕事に従事しているユーザーを調査協力者として招き、日常的な仕事ぶりを見せてもらいながら構造化インタビュー[7]を併用して、製品の使用におけるユーザーのコンテクストを理解していく。実際の作業の観察の中からユーザーの暗黙知を把握する手法である。

コンテクスチュアル・インクワイアリーは以下の手順を通して実施される。[8]

①コンテクスト理解（Context）

ある特定の仕事や作業を対象に、それを進行中のユーザーの得ている経験やそれを実行するのに必要な暗黙知を理解するために、調査を実施する。調査者は実際のコンテクストにできるだけ近い状態を設定し、その中に没入することで、詳細を観察する。

②パートナーシップ（Partnership）

観察やインタビューから得られたデータがどのくらい現実を反映しているかを理解するために、調査者は調査対象者との間に「師匠と弟子モデル（master/ apprentice model）」というパートナーシップを築く。調査者は自身を弟子（apprentice）と考え、作業者を師匠（master）として捉えることで実際の作業文脈を「教え」てもら

[7] 構造化インタビューは、事前に質問項目を設定しておくインタビュー手法。

[8] Martin, B. and Hanington, B. (2012) *Universal Methods of Design: 100 Ways to Research Complex Problems, Develop Innovative ideas, and Design Effective Solutions*. Rockport.

う。作業者をすぐそばで観察し、質問をしながらコンテクストを探る。

③解釈（Interpretation）

観察を終えたのちに、調査者が見たことや聞いたことに解釈を加える。その後その解釈についてパートナーと共に確認する。

④フォーカス（Focus）

調査者は、作業者の作業状況の詳細を理解するだけでなく、作業者が抱える世界観や癖、矛盾といった特性を理解する必要がある。一人の調査対象者の調査を終えたら、異なるユーザーセグメントに属する数人を対象に同様の調査を行い、最終的にデータを取りまとめる。こうして得られた調査データは、ユーザー視点のシナリオとしてまとめられることが一般的である。シナリオのメリットは調査対象者のコンテクストを可視化して表現できることにある。これを用いることで、チームでのコミュニケーションを活発化させることが可能である。

デザインリサーチは、**探索的調査**と**検証的調査**の二つに分かれる。[9] 探索的調査は生活者のコンテクストに没入することでその視点を獲得しようとするものが多く、検証的調査はプロトタイプのテストのようにすでに仮説化されたものを検証する目的で行われる場合が多い。[10] コンテクスト・デザイン／コンテクスチュアル・インクワイアリーは仮説の検証を目的としたユーザーテストとは異なり、仮説の探索を目的に行われる手法であると言える。

[9] Sanders, E. B. N. (2008) On modeling an evolving map of design practice and design research. *Interactions, 15*(6), 13-17.

[10]「V-6　プロトタイピング」参照。

Ⅲ－9

ソーシャルイノベーション・デザイン――利益追求から社会問題の解決へ

１９９０年代の後半から欧州では、企業の利益の追求ではなく社会問題を解決することを目的とした**ソーシャルイノベーション**（Social innovation）に大きな注目が集まっている。イギリスのソーシャルイノベーションを目的とした研究所であるヤング財団（Young Foundation）の定義によれば、ソーシャルイノベーションとは、「社会的ニーズを満たし、同時に新たな社会的関係やコラボレーションを創造する新しいアイデア（製品、サービス、モデル）である。言い換えれば、それは社会にとって価値を生み、社会の活動能力を高めるイノベーションである」とされている。[1]

このヤング財団は、イギリスの社会学者であるマイケル・ヤング[2]により、１９４５年に設立されたコミュニティ研究所（Institute for Community Studies：ＩＣＳ）を前身とする都市コミュニティを研究する非営利組織である。同団体はソーシャルイノベーションに取り組む先駆的な団体であるが、近年では米国のハーバード大学やスタンフォード大学といったビジネススクールにおいても、ソーシャルイノベーションを対象とした団体が次々と立ち上がっている。

［1］Murray, R., Caulier-Grice, J. and Mulgan, G. (2010) *The Open Book of Social Innovation.* London, UK: Young Foundation and Nesta, 3.

［2］Michael Young. １９１５年生、２００２年没。イギリスの社会学者、社会活動家、政治家。風刺小説 *The Rise Of The Meritocracy*（伊藤慎一訳（1965）『メリトクラシーの法則』）は大きな影響を与えた。

デザイン研究の領域でもまた、このソーシャルイノベーションの概念への関心が高まりつつある。ミラノ工科大学のエツィオ・マンズィーニ[3]は、「ソーシャルイノベーションのデザインは、（デザイン研究における）新しいディシプリンではなく、むしろデザインが貢献しうる可能性のある潜在的な領域を指すものである」と述べている。[4]

欧州では、**プロダクト・サービス・システム**[5]をはじめとして、製品単体のデザインから製品を中心としたシステムやサービスを含む総合的なデザイン領域へとデザインの対象範囲が広がっている。マンズィーニとベッツォーリ[6]は、このようなデザインによる持続的なイノベーションを生み出す考え方・手法を、**ストラテジックデザイン**（Strategic design）と呼んでいる。ここで言うストラテジックデザインとは、新しいステークホルダーのネットワークを構成することや、製品・サービス、コミュニケーションといった要素が接続されたシステムをデザインすることを通した、中長期の計画を含む包括的なデザイン行為である。

さらに、ストラテジックデザインに関する研究は、プロダクト・サービス・システムを創出するための実践的な視点を持って進められてきた。たとえば、メローニ[7]は、その特徴の一つは、**ユーザー中心デザイン**（User-Centered Design）から**コミュニティ中心デザイン**（Community-Centered Design）への転換であると指摘している。近年のヨーロッパでは、社会問題への持続的なソリューションとしてこのシステムの構築の必要性が高まっており、より社会的、倫理的で公共的な側面か

[3]「Ⅲ-4 サービスデザイン」注［6］参照。

[4] Manzini, E. (2015) *Design, Everybody Designs*. Boston: MIT Press.

[5]「Ⅲ-7 プロダクト・サービス・システム」参照。

[6] Manzini, E. and Vezzoli, C. (2003) A Strategic design approach to develop sustainable product service system: Examples taken from the 'environmentally friendly innovation' Italian prize. *Journal of Cleaner Production, 11*, 851-857.

[7] Meroni, A. (2008) Strategic design: Where are we now? Reflection around the foundations of a recent discipline. *Strategic Design Research Journal, 1*(1), 31-38.

ら、新たな価値を創造するイノベーションが志向されている。

このように、**ソーシャルイノベーション・デザイン**は新たな領域であると位置づけられているが、それはこれまでのデザインの考え方とはどのように異なるのか。

たとえば、セローニ[8]によれば、ソーシャルイノベーションのアプローチでは、これまでにないステークホルダーとパートナーシップを構築することが最も重要な観点となる。デザインの役割はそのインタラクションを可視化し、この質を高めることに貢献することである。このような価値を提供するには、**サービスデザイン**[9]やストラテジックデザインのような全体最適を求めるシステマティックなアプローチが求められる。

このように**人間中心デザイン**[10]のアプローチとソーシャルイノベーション・デザインのアプローチとの間の大きな違いは、この**コミュニティ中心性**（community centered）にある。人間中心デザインは生活者としての人間の要求を満足化することに焦点が当てられるが、ソーシャルイノベーションはプロセスの中で異なる目的と要求を持つ社会グループ（ユーザーやワーカー、ボランティア等）の関係性のデザインに焦点が当てられる。さらに、営利企業を対象にしたイノベーションと異なり、ソーシャルイノベーションでは営利目的だけに限定されない「自然な（natural）参加」が対象にされる。[8]この領域でのデザイン実践の目的は、社会・文化的側面のニーズへの理解を促進し、社会コミュニティと協働することで持続性のあるソリューションを創造することである。

[8] Selloni, D. and Corubolo, M. (2017) Design for social enterprises: Co-designing an organizational and cultural change. *The Design Journal*, 3005-3019.

[9] 「Ⅲ－4　サービスデザイン」参照。

[10] 「Ⅴ－2　人間中心デザイン」参照。

・参考WEB
Young Foundation（https://youngfoundation.org/）

Ⅲ－10 デザイン思考

——デザインプロセスの手法・ツールとしての応用

デザイン思考（Design thinking）とは、デザイナーがデザインを行う過程でとる独特の認知的活動のことであり、またそのプロセスを手法・ツール化することで現代ビジネスに応用する取り組みを指す。手法・ツールとしてのデザイン思考は、米国の文献を中心に２０００年代からそのビジネスへの応用可能性が示され、その後多くの研究がその概念を発展、洗練させるかたちで展開されてきた。

その中でも特に先駆的で大きな影響を与えたのが、『ハーバード・ビジネス・レビュー』に掲載されたティム・ブラウン[1]のＩＤＥＯ社の事例である。[2] デザイン・コンサルティング会社であるＩＤＥＯ社は、デザイナーに特有の思考法をまとめ、その思考法をもとにしたコンサルティング活動を行った。デザイン思考という言葉は、２００４年にこのＩＤＥＯ社で用いられた標語であるとされており、その翌年の２００５年に『ビジネス・ウィーク』誌がこれを特集したことが、広く認知されるきっかけであったとされている。

ＩＤＥＯ社のＣＥＯであるブラウンは、デザイン思考を「デザイナーの用いる問題

[1] Tim Brown. １９６２年生。アメリカの世界的デザインコンサルティング会社ＩＤＥＯのＣＥＯ。

[2] Brown, T. (2008) Design thinking. *Harvard Business Review*, 86(6), 84-92.（「人間中心のイノベーションへ——ＩＤＥＯデザイン・シンキング」『Diamond ハーバード・ビジネス・レビュー』2008年12月号 56-68. ダイヤモンド社）

解決の主義、アプローチ、手法、ツールである」と定義している。[2] さらに、この定義をビジネスの観点から解釈し、詳細に定義したデザイン・マネジメント・インスティチュートの前会長であるトーマス・ロックウッド[3]の定義によれば、デザイン思考とは「ビジネス分析と並行して、観察とコラボレーション、早期学習、アイデアの視覚化、コンセプトの**プロトタイピング**[4]を強調する、人間中心のイノベーションプロセス」である。

デザイン思考は、フィリップス・デザイン[5]、ハッソ・プラットナー・デザイン研究所[6]等によって異なるバージョンが提案されているが、典型的には、①共感、②定義、③アイデア造り、④プロトタイピング、⑤テストの五つの段階を経て実践される。

①共感の段階では、プロジェクトチームは事前に設定された問題領域に関連したフィールドに参加し、生活者の日常の観察を行うことからその生活に関する共感を得る。その後の②定義の段階では、観察から得られた情報をチーム内で照らし合わせ・要約し、チーム内で問題解決への視座を形成する。次に③アイデア造りでは、形成された視座に基づいて、多様なアイデアを創出する。④プロトタイピングの段階では、創出されたアイデアをさまざまな様式のプロトタイプとして視覚的に表現し、⑤テストの段階で制作されたプロトタイプの実験・評価を行う。

このような五つのプロセスを経て、問題の明確化から試作品の完成までを通した問題解決を図るのが、デザイン思考のアプローチである。また、これらのプロセス

[3] Lockwood, T. (Ed.) (2009) *Design Thinking: Integrating Innovation, Customer Experience, and Brand Value* (3rd ed.), Allworth Press.

[4]「V-6 プロトタイピング」参照。

[5] フィリップス・デザインは、フィリップスの製品・サービスのデザインを手掛ける世界最大級のデザイン会社。

[6] ハッソ・プラットナー・デザイン研究所は、スタンフォード大学にあるデザイン思考を推進する組織。通称 d. school.

は実際のビジネス現場ではほとんど直線的に進むことはなく、各プロセスを反復的（iterate）に繰り返すことで、ユーザーやステークホルダーの求める解に近づいていく点も、デザイン思考の特徴であると言える。

　このように現代ビジネスにおいてデザイン思考に注目が集まる理由は、人々の生活に対する共感を重視するその**人間中心性**（human centered）にあるとされている。技術開発を第一命題としてイノベーションを達成しようとする技術中心志向とは異なり、あくまで人間中心的な観点による生活者の観察からイノベーションに取り組む。また、これはマーケティング活動のような顧客志向性の強いアプローチとも異なる。人間中心志向は、一企業の顧客ではなく、社会における生活者としての個人を対象にしており、既存製品の持つ枠組みに捉われない発想を製品開発にもたらす。

　このような生活者への共感を得るために、デザイン思考ではユーザー観察（observe）と理解（understand）が重視される。具体的な手法としては、顧客に対する**エスノグラフィー**[8]、顧客の視点から顧客を取り巻く環境をマッピングし、可視化する手法である**カスタマー・ジャーニー・マップ**や、実在する人々を元にした仮想のユーザー像を作り込み、製品やサービスとのインタラクションを可視化する**ペルソナ**／**シナリオ法**といった手法を用いて、少しずつ生活者の環境への理解を深めていく。このような生活者の生活、文化、道具の使用状況等を把握し洞察を得て、アイデア開発に人間中心性を取り入れることがデザイン思考の要となる。

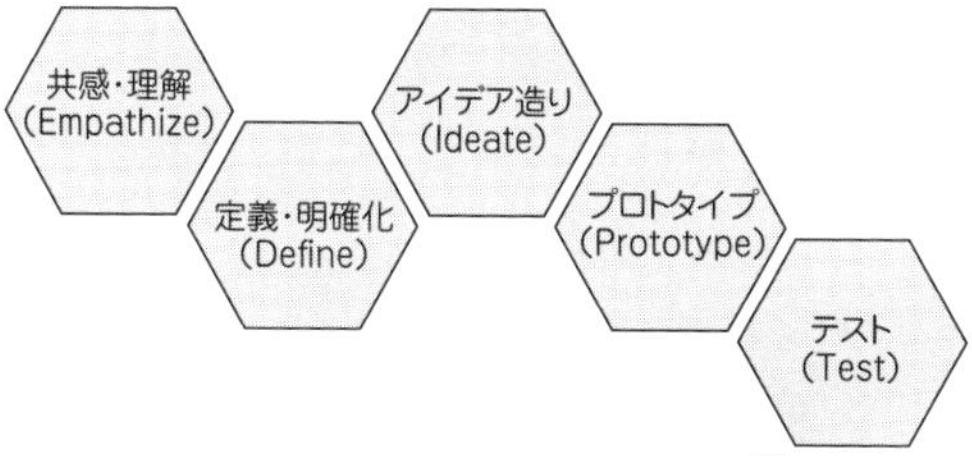

図Ⅲ-3　デザイン思考の五つの段階[7]

[7] d.school（https://dschool.stanford.edu/）

[8]「Ⅴ-7　エスノグラフィー」参照。

Ⅲ-11

アーティスティック・インターベンション

——企業経営へのアートの介入

デザイン思考[1]の研究蓄積が世界的に進む傍らで、北欧のデザイン研究の分野では2000年代後半から**アーティスティック・インターベンション**という理論が提唱されている。アーティスティック・インターベンションは、「芸術の介入」という意味であり、そこには芸術品を扱う組織（博物館、美術館等）のマネジメントといったアート・マネジメントの観点と、芸術や芸術家と接触することを通した企業・組織への芸術の介入という二つの観点が包含されている。[2]特に、近年注目を集めているのは後者の観点である。

組織がアーティスティック・インターベンションを導入する目的は、芸術の活用を通して組織に**異質性**（otherness）を取り込むことにある。これを導入する組織は、大企業から中小企業、公的機関とさまざまであるが、①新たな方法を取り入れて創造的なプロセスを開発し、②創造的な文化を組織に養い、企業内部に柔軟な思考とモチベーションの活性化を生み出すこと、の二つを目的としている。[3]

組織にアーティスティック・インターベンションが導入されると、組織の中の支配

[1]「Ⅲ-10 デザイン思考」参照。

[2] 八重樫文・後藤智（2015）「アーティスティック・インターベンション研究に関する現状と課題の検討」『立命館経営学』53(6), 41-59.

[3] Grzelec, A. and Prata, T. (2013) *Artists in Organisations: Mapping of European Producers of Artistic Interventions in Organisations*. Creative Clash.

的な論理と、芸術家の持つ論理とが衝突し、「クラッシュ」が起こる。そこで発生するエネルギーは、新たなアイデアの提案につながったり、「我々は真に何を成すべきなのか」といったビジョンへの意識を強化し、それによってより深い組織文化への理解を促進する。

たとえば、スウェーデンの企業を対象に行われたアート主導のワークショップでは、「24時間チャレンジ」という企画のもと、食料廃棄をテーマにした「ダンプスター・ダイビング（Dumpster diving）」（都市のごみ箱の中から再利用可能な廃棄物を見つける活動）を通してアートの介入がなされた。

このワークショップには異なる部門に所属する従業員が集められ、1グループ12人程度のチームが組織された。24時間チャレンジが始まると、グループでの自己紹介セッションの後、ダンプスター・ダイバー（dumpster diver）と呼ばれる、ごみ箱の中から再利用可能な物を見つける実践者が紹介され、従業員との間で議論が交わされた。その後、実際に街に出て、実践者とともにダンプスター・ダイビングが行われた。

次の日の朝食中に前日の体験のリフレクションが行われ、参加メンバーは毎日の生活の中でいかに食品が廃棄されているかを議論した。最終的に廃棄食料を使ったメニューが提案され、このワークショップは終了した。

このワークショップは、参加したメンバーがそれまで無視してきた問題を再認識させ、改めてよく考えて見つめる機会をつくることで、硬直化していたものごとの考え方や規範を柔軟にすることに成功した。

アーティスティック・インターベンションは、このような組織の**創造性**[4]の回復を目指して導入される。ヨハンソン・スコルドベルグとウーディラ[5]は、デザイン思考とアーティスティック・インターベンションとの違いを検討し、以下のような「警告」を発している。

①デザイナーは、芸術的なルーツをその専門性から遠ざけるべきではない。またデザインの感性的な土台を遠ざけるべきではない。

②デザイン実践を伴わないデザイン思考は不完全な状態であり、実践によって得られるデザイナーの多様性を無視している。

③実践の観点から、すべてのプロセスはオープンなプロセスとして考慮すべきものであり、ツールキットから作られる限定化されたものではなく、より感覚的なものであるべきである。

このような指摘をすべて手放しに受け入れることはできないが、デザイン思考に創造性が欠如していることが多くの研究で指摘されはじめている。近代デザインのプロフェッションの土台は、アートとエンジニアリングにある。形式ではなく多様性を持つアートは、創造性の源泉としてデザインに不可欠な要素なのである。

[4]「V-4　創造性」参照。

[5] Johansson-Sköldberg, U. and Woodilla, J. (2013) Relating the artistic practice of design to the design thinking discourse. *Proceedings of the 2nd Cambridge Academic Design Management Conference.*

Ⅳ　デザイン理論

Ⅳ－1

問題解決行動としてのデザイン理論

――デザインへの科学的アプローチ

デザイン理論が本格的に学術の対象として扱われはじめたのは、１９６０年代からと言われている。その契機の一つとして、１９６２年にロンドンで開催された国際的なデザイン研究の国際会議である“Conference on Design Methods”があげられる。[1]

ここで報告された初期の研究では、デザイナーたちが自らの**デザインプロセス**をモデル化し、一般的なデザイン方法論としてその構造を理解することが目指された。そこでは個人の気質や**創造性**[2]に起因するとされていたデザインを効率的にマネジメントするために、客観的・科学的に把握することが求められた時代背景があったとされる。しかしその一方で、そのために合理化・簡易化されすぎたモデルは、実際の現実に根ざしたデザイン実践の観点からすれば、ほとんど益のないものであったという。

しかし、このような「デザイン方法論運動（design methods movement）」を通して、それまでのクラフトマンシップによる暗黙的なデザインから、近代的・科学的な視点からこれを議論しようとする土台が形成されることとなった。その後の継続的な研究の展開によって、デザインのプロセス、行為に関する理論、思考

[1] Bayazit, N. (2004) Investigating design: A review of forty years of design research. *Design Issues, 20*(1), 16-29.

[2]「Ⅴ－4　創造性」参照。

法、またそれに伴う創造性を対象とする研究群が現れ、科学的・哲学的・実践的な認識論のアプローチから多くの研究が行われてきた。

　これまでのデザイン研究の文脈は大きく分けて、五つのディスコースに分類することができる。

①問題解決行動としてのデザイン

「デザイン科学（design science）」と位置づけたシステマティックなアプローチを用いた、ハーバート・サイモン[3]の人工物科学（science of artifact）の研究。

②省察的実践としてのデザイン[4]

実践的な認識論の観点からデザインを捉えようとしたドナルド・A・ショーン[5]による**省察的実践**[6]（reflection-in-action）のデザイン理論の展開[7]。

③リベラル・アーツとしてのデザイン

リチャード・ブキャナン[8]に代表される、リベラル・アーツとしてのデザイン[9]の観点。

④思考方法としてのデザイン

ナイジェル・クロス[10]に代表される、思考方法としてのデザインの観点[11]。

⑤意味の創造としてのデザイン

クラウス・クリッペンドルフ[12]による意味の創造としてのデザインの観点[13]。

[3] Herbert Alexander Simon. 1916年生、2001年没。アメリカの政治学者・認知心理学者・経営学者・情報科学者。大組織の経営行動と意思決定に関する研究で、1978年にノーベル経済学賞を受賞。

[4] Simon, H. A. (1969) *The Sciences of the Artificial*. MIT Press.（稲葉元吉・吉原英樹訳 (1999)『システムの科学 第3版』パーソナルメディア）

[5] Donald Alan Schön. 1930年生、1997年没。アメリカの哲学者。

[6]「Ⅳ-2 省察的実践としてのデザイン理論」も参照。

[7] Schön, D. A. (1983) *The Reflective Practitioner: How Professionals Think in Action*. Basic Books.（柳沢昌一・三輪建二訳 (2007)『省察的実践とは何か――プロフェッショナルの行為と思考』鳳書房）

デザイン科学（design science）という科学的なアプローチを用いて、その後の多くの研究に影響を与えたのが、意思決定論を中心としたハーバート・サイモンの人工物科学（Science of artificial）の研究である。

サイモンの意思決定論は、従来の経済モデルで考えられてきた「客観的合理性（objective rationality）」を前提とした意思決定モデルに対して、「限定合理性（bounded rationality）」を前提にした意思決定モデルを提案するものであった。限定合理性とは、人間の認知能力の有限性を前提にしており、自身を取り巻く状況を完全に把握し、とることのできる行動の選択肢のすべてを列挙することは不可能であるという考え方である。すべての選択肢を検討し、その中で最適な選択肢を選ぶとされていた「経済人モデル」とは異なり、私たちのような現実社会の「経営人」は、ある程度の満足度が得られる水準である「満足化水準（satisfactory standards）」を基準にして、自分の行動を決定する。

サイモンの主張では、意思決定とは、「目標の設定、現状と目標（あるべき姿）との間の差（ギャップ）の発見、それら特定の差異を減少させるのに適当な、記憶の中にある、もしくは探索による、ある道具または過程の適応というかたちで進行する」問題解決活動である。そして、この極めて人間的な行為が、まさしくデザインであると主張したのであった。その著書である『システムの科学（*The Sciences of the Artificial*）』の中で、サイモンは「現在の状態をより好ましいものに変

［8］Richard Buchanan. アメリカのデザイン、マネジメント、情報システム研究者。

［9］Buchanan, R. (1992) Wicked problems in design thinking. *Design Issues*, *8*(2), 5-21.

［10］Nigel Cross. １９４２年生。イギリスのデザイン研究者。

［11］Cross, N. (2011) *Design Thinking*. Berg.

［12］「Ⅱ－２　デザイン・ドリブン・イノベーション」注［3］参照。

［13］Krippendorff, K. (1989) On the essential contexts of artifacts or on the proposition that "design is making sense (of things)". *Design Issues*, *5*(2), 9-38.

えるべく行為の道筋を考案するものは、だれでもデザイン活動をしている」と述べ、デザインを人間の問題解決行動として、意思決定への認知的なアプローチから科学的に捉えている。

サイモンのデザイン観は、あるべき姿を実現する人間の本質的行為にある。サイモンのデザイン論が学術界に大きな影響を与えた理由は、次の通りである。

まず、これまでのインダストリアルデザインやエンジニアリングデザインに限定された暗黙的・職人的な方法論から、デザインを一般的な人間行動に関する理論へと展開したことで、デザインを科学的に見るためのデザイン理論の土台を作り上げることに成功した。また、この理論はそれまでの合理性を念頭にした方法論を探求するデザイン研究に対して、認知的なアプローチから意思決定の複雑性の考え方を取り入れたことで、普遍的な人間の問題解決状況に根ざしていた。このように、サイモンの理論は、人間の問題解決行動としてデザインを捉えることによって、デザイン論の初期の発展において大きなインパクトを与えたのであった。

Ⅳ－2

省察的実践としてのデザイン理論

――状況との対話を重視する新たなプロフェッショナル像

デザイン理論の二つ目のディスコースは、実践的・解釈学的観点からデザインを捉えようとしたドナルド・A・ショーン[1]の**省察的実践**（Reflection-in-action）におけるデザイン理論の展開である。省察的実践とは、複雑に変化する状況に対応し、そこで生じている問題を捉え、自身の行為を修正して対応していくという「行為の中の省察」をもとにした社会的実践のことである。ショーンのデザイン理論では、このような状況との対話によって行為を変化させて問題を解決していくプロフェッショナルの役割に焦点が当てられた。

ショーンの省察的実践の概念の背景には、プロフェッション（専門的職業）による多くの不祥事が噴出し、人々のプロフェッションの持つ権威や知識に対しての不満が募った1970年代のアメリカの社会状況がある。その中でも、特にショーンが批判したのは、この問題の原因の一つであると考えられる、伝統的なプロフェッションが築いてきた**技術的合理性**（technical rationality）モデルであった。

技術的合理性モデルとは、プロフェッションによって生み出された、「技術の合理

[1]「Ⅳ－1　問題解決行動としてのデザイン理論」注［5］参照。

性」を重視する考え方である。たとえば、医師を例にとれば、①最も基礎的な学問である基礎医学、②これをもとにした応用医学、③実践的分野である臨床医学、がある。この三つの学問は階層構造になっており、①の基礎医学が科学的な厳密性を保つことで、その上に成り立つ②、③の学問の合理性が約束されるという考え方である。

このように、高度に専門化された伝統的なプロフェッションは、その専門性や学問の階層化を進めていき、知識が「標準化」されていく過程を通して形成されている。この**標準化された知識**（standardized knowledge）は、技術的合理性に基づいてプロフェッションの中に共有されており、これを現実の問題に当てはめていくことで、プロフェッショナルは問題を解決する。

しかし、このようなプロフェッショナルのあり方は、実際に「何が問題であるのか」を定義することなく、むしろ知識を無理やり問題状況に当てはめてこれを解決しようとするプロフェッショナルの受動的姿勢を育んでしまう。

同様の批判はサイモン[2]のデザイン理論の出発点にもなっているが、ショーンのデザイン理論が特に重視したのは、「**問題の設定**（problem framing）」に関する考え方であった。特にショーン[3]はサイモンの研究で想定した問題が、「良定義問題（well-defined problem）」であったことを指摘し、むしろ社会実践の文脈では、技術的合理性のみで解決することのできる状況の方が少ないことを主張した。

ショーンは、プロフェッショナルの問題解決行為に関して、次のように述べている。

[2]「Ⅳ-1　問題解決行動としてのデザイン理論」注［3］参照。

［3］Schön, D. A. (1983) *The Reflective Practitioner: How Professionals Think in Action.* Basic Books.（柳沢昌一・三輪建二訳（2007）『省察的実践とは何か――プロフェッショナルの行為と思考』鳳書房）

「技術的合理性の視点から見ると、専門家の実践は問題『解決』のプロセスである。選択や決定の問題は、定められた目的に最もふさわしいものを利用可能な手段から選び取ることを通して解決される。しかし、問題の解決ばかりを強調すると、私たちは問題の『設定』を無視することになる。つまり、どのような解決がよいか、いかなる目的を達成すべきであるかを定義し、選ぶべき手段は何かを決めるプロセスを無視することになる。[4]」

このように、ショーンにとって社会に求められるプロフェッショナル像とは、問題の解決に従事するだけでなく、プロフェッショナルとして適切な問題の設定を行い、省察的（reflective）に問題解決を行うことのできる存在であった。「（プロフェッショナルは）その問題状況特有の特徴を発見し、その漸進的な発見から状況との関わり方をデザインしていく[5]」と述べているように、状況との対話、問題の定義とその解決の行為までを含めたデザイン理論を提案した。

ショーンは、都市計画者、デザイナー、ソーシャルワーカー等への調査から、これらのプロフェッショナルはタスクに対して専門的な知識を用い、かつ内省を行いながら思考や行動パターンを変化させていく省察的実践家（reflective practitioner）としての側面を持っていることを主張した。この省察的に自らが持つ物事の捉え方、態度、信念を更新していくプロフェッショナルの能動的な像は、その後の研究に大きな影響を与え、デザインという行為の独特のディシプリンを形成していくきっかけとなっ

[4] 同訳書 39-40.

[5] 同訳書 129.

た。

このように、ショーンはプロフェッショナルの実践に対する解釈学の観点に立ち、サイモンで定式化された「問題」という側面に焦点を当て、問題の明確化や設定という行為を含めたデザイン理論を展開することでデザイン理論の発展に貢献したのであった。

Ⅳ－3

リベラルアーツとしてのデザイン理論

――構造が不明確な問題との対峙

デザイン理論の三つ目のディスコースは、デザイン研究者のリチャード・ブキャナン[1]に代表される、**リベラルアーツとしてのデザイン**である。[2]これは、実践の現場においてデザインが扱う「問題」とは何かに焦点を当てた理論である。ブキャナンは、デザイン実践で扱われる問題のほとんどは、「正しい」「正しくない」というように明確な解を提示することのできない「ウィキッド・プロブレム（Wicked Problem）」と呼ばれる問題であると主張し、デザイン理論に新たな視点をもたらした。

ウィキッド・プロブレムとは、1960年代にデザイン研究者のホースト・リッテル[3]によって定義された概念である。[4]彼は、「複合的な社会システム上の、あやふやで情報が混乱しており、なおかつ多くのクライアントや意思決定者がそれぞれの価値に関して競合する複雑な構造を持つ問題」であると定義している。

『システムの科学』を出版したサイモン[5]は、その後に“The structure of ill-structured problems”という論文を発表している。[6]サイモンは、この論文の中で、「構造が不明確な問題（ill-structured problems）」という問題の性質を定義している。たとえば事

［1］「Ⅳ－1　問題解決行動としてのデザイン理論」注［8］参照。

［2］Buchanan, R. (1992) Wicked problems in design thinking. *Design Issues*, *8*(2), 5-21.

［3］Horst Willhelm Jakob Rittel. 1930年生、1990年没。ドイツ生まれ。

［4］Rittle, H. (1972) Son of Rittelthink. *Design Method Group 5th anniversary report.*

［5］「Ⅳ－1　問題解決行動としてのデザイン理論」注［3］参照。

前にルールやプレイヤーの数が決まっているチェスのようなゲームは、「良定義問題（well-defined problem）」と呼ばれるものであり、ゲームに勝つという目標や順序、そのための手続き等を明確にすることができる。これに対して、構造が不明確な問題とは文字通り構造が不明確で、目標や解を求める手続きさえもわからない、解決の困難な問題である。実際の社会状況では、私たちはほとんどの場合、この構造化されていない問題を扱っている。

ブキャナン[2]の議論は、デザインの問題解決の側面を支持しながらも、デザイン実践では問題と解決策のどちらもが明確でない状況で問題解決をすることが必要であり、単に科学的な方法論では定義できない複雑性を持つウィキッド・プロブレムを解くことを強調した。

たとえば、アチュエル[7]は意思決定モデルで記述することのできる構造化されている問題と、デザイン実践の扱う構造が不明確な問題の違いを、以下のような日常的な生活の中にある問題を用いて説明している。

たとえば、次の土曜日の夜の予定を考えるとする。グループ1は「面白い映画」について、グループ2は「すてきなパーティー」について話をしている。

グループ1の扱う問題は、「どの映画を観れば一番楽しめるか」であり、これに解を出すことが求められている。これに解を出すには、現在上映されているすべての映画を見て点数化し、最も面白い映画を選択することで解決することができる。しか

[6] Simon, H. A. (1984) The structure of ill-structured problems. In N. Cross (Ed.), *Developments in Design Methodology*. (145-166). John Wiley & Sons.

[7] Hatchuel, A. (2001) Towards design theory and expandable rationality: The unfinished programme of Herbert Simon. *Journal of Management and Governance*, 5(3-4), 260-273.

し、もちろんこれは現実的ではないため、いくつかの映画の批評記事を見たりしてある程度の知識を得て、満足度を得られそうな水準を設定しクリアする。これはすべての前提と選択肢を把握することはできないとする、サイモンの限定合理性をもとにした意思決定モデルに合致する問題である。[8]

一方で、グループ2の扱う問題は、「どのようなパーティーを企画すれば、一番楽しめるか」であり、これに解を出すことが求められている。ここで重要なのが、グループ2は「パーティー」という不確定性の高いイベントをテーマにしていることである。グループ1が扱っている問題は「映画」という、グループのメンバー間の理解にズレが起こり難い確定性の高い概念をもとにしている。しかし、グループ2の扱うパーティーという概念は、これまで過去に企画された内容だけでなく、これまで考えられた企画を組み合わせたものや、まったく新しく考えられたものを含んでいるため、それ自体がどこまでも拡張可能なコンセプトである。

さらに、この場合、グループ2は、自らの欲求を満足させることに加えて、パーティーに参加するゲストを満足させねばならないため、グループ1とは異なる制約条件を抱えている。自分たちが楽しむだけでなく、ゲストにとっても「一番楽しめる」ようにデザインしなければならないのである。

このグループ2の扱う問題がまさに、デザイン実践で扱う問題である。デザイン実践の理論では、このような制約はリソースとして考えられ、かつこれ自体がデザイン

[8]「Ⅳ－1　問題解決行動としてのデザイン理論」参照。

することのできる領域でもある。コンセプトは、そこに関わるすべての人々との**社会相互作用**（social interaction）を踏まえてつくられなければならない。

このディスコースのもう一つの特徴は、デザインをさまざまなプロフェッショナルに共通する思考やマインドセットとして捉えたことである。ブキャナンは、デザインが特徴的に見出される場面として、①記号的、視覚的なコミュニケーション（グラフィックデザイン）、②有形物のデザイン（インダストリアルデザイン）、③活動と組織化されたサービス（**サービスデザイン**[9]）、④生活の環境や複雑性を伴うシステム、の四つの発明の場をあげている。その上で、デザインはこれらの場に携わる者が共通に持つべきリベラルアーツとして位置づけられるべきであり、ウィキッド・プロブレムを解決するために必要な姿勢であると主張したのであった。

[9]「Ⅲ-4　サービスデザイン」参照。

Ⅳ－4

思考方法としてのデザイン理論

――デザイン自体のディシプリン・知識・文化

デザイン理論の四つ目のディスコースは、ナイジェル・クロス[1]に代表される、思考方法としてデザインを捉える観点である。クロスは、デザイナーへの参与観察、インタビュー、プロトコル分析といった実証的なアプローチを通して、「デザイナーがどのように考え、どのように仕事を行うか」に焦点を当てて、デザインの思考方法を対象にしたデザイン理論を展開した[2]。

クロス[3]によれば、デザインに関連する科学には、①「デザイン科学（design science）」と、②「デザインの科学（science of design）」の二つがある。

デザイン科学とは、サイモン[4]が展開した人工物に関するデザイン理論と同様のものであり、これは合理的でシステマティックな観点からデザインの手続きや方法論を体系化することを目的としたものである。これは人工物の創造に科学的な知識を活用するだけでなく、デザインそれ自体を科学的な活動として位置づけようとする志向性を持っている。

一方で、デザインの科学とは、科学的な探求の方法を用いることで、デザインにつ

[1]「Ⅳ－1　問題解決行動としてのデザイン理論」注［10］参照。

[2] Cross, N. (1984) *Developments in Design Methodology*. Wiley.

[3] Cross, N. (2000) Design as discipline. In D. Durling and K. Friedman (Eds.), *Doctoral Education in Design: Foundations for the Future* (93-100). Staffordshire Univrsity Press.

[4]「Ⅳ－1　問題解決行動としてのデザイン理論」注［3］参照。

いての理解を発展させようとする研究のまとまりである。これには、心理学的なアプローチから**創造性**[5]を明らかにすることや、歴史的方法論をとるデザイン史といったさまざまな学問から知識を生み出すことを含んでいる。

クロスのデザイン理論は、サイモンの科学的でシステマティックなアプローチをとるデザイン理論よりも、ショーンの実践的な知識創造に焦点を当てるデザイン理論の観点を引き継いでいる。しかし一方で、これらの研究がデザインを広く普遍的な能力やさまざまなプロフェッショナルに共通的に見出される知的行為としてみなしたのに対して、クロスはデザインそれ自体に独自のディシプリンや知識・文化が存在することを強く主張した[6]。

たとえば、クロスは以下のように述べている。

「私たちは、デザインを科学のイミテーションにする必要はなく、また神秘的で言い表すことのできない技能として扱う必要もないことに気づいた。デザインには、独自の知的文化があるのである。つまり、デザイナー独自の『知るべきこと、それらを知るための方法、それらを見つけるための方法（things to know, ways of knowing them, and ways of finding out about them）』がそこに存在するのである[7]。」

このようなデザインに独自の方法論を、クロスは**デザイン方法論**（design methodology）として定義している。クロスのデザイン方法論とは、どのように①デザイナーが考え、仕事をするか、②適切なデザインプロセスの構造を構築するか、③

[5]「V-4 創造性」参照。

[6] Cross, N. (1999) Design research: A disciplined conversation. *Design Issues, 15*(2), 5-10.

[7] 同書、7.

新しいデザイン手法を開発し、応用するか、④デザイン問題に対する応用や知識を拡張するか、を対象にしたものである。

クロスはこのような観点から、特にデザインに伴うスキル、能力、思考方法について一連の研究を行い、デザイナーの持つべき八つのデザイン能力を定義している。それらは、①新しく予期されていないソリューションを創造すること、②実践の問題に対して想像力と建設的な見通しをもって提案できること、③問題解決にスケッチやモデルといった造形媒体を用いること、④限定された情報と不確実性の中で意思決定を行えること、⑤構造化されていない問題やウィキッド・プロブレムを解決すること、⑥ソリューションに焦点を当てた戦略を適応すること、⑦生産的／創造的思考を取り入れ、⑧グラフィックや空間的な造形媒体を用いること、である。[8]

クロスは、このような能力は、**「デザイナーが知識を得る方法**（**designerly ways of knowing**）」という独特の知識に基づいていると主張する。デザイナーは実際の問題状況との継続的なやりとりを通じて、そこで得られる経験を直接的に参照しながら知識を構築し、新たに遭遇したデザイン文脈に対するデザイン決定を行っていく。

たとえば、ローソンは、[9] このデザインの特性をチェスのギャンビット（gambit）に喩えている。デザインは無限の指し手のあるチェスのようなものである。チェスが8×8の盤やその上の駒の動きが決まっているのに対して、デザインは盤の大きさも駒の数・動きも決まっていない。チェスにおいて、ギャンビットは相手に利を与えるこ

[8] Cross, N. (1990) The nature and nurture of the design ability. *Design Studies, 11*(3), 127-140.

[9] Lawson, B. (2004). Schemata, gambits and precedent: Some factors in design expertise. *Design Studies, 25*(5), 443-457.

とで自分に有利な展開やテンポを得るための指し始めの一手である。一方デザインの場合は、これは全体のプロセスの初手ではなく、どのような側面を際立たせていくかを考えるためのスタートラインを引くためのものとして捉えられる。

デザイナーは、この「行為と学習（learning-while-doing）を通して、デザイナーが知識を得る方法自体を継続的に変更、調整していく。これらの知識を駆使しながら、未知の問題状況に飛び込んでいく。

クロスによれば、デザイン行為（designing）の本質は最適化である。デザインという行為は本来探索的で無秩序であり、問題の本質と解決策の妥当性は、実際に解決策が提案されるまでは評価することができないという性質を持つ。クロスは、デザインプロセスにおける直感と**アブダクション**思考の重要性を説き、デザインのディシプリンの確立を目指したのである。[10]

[10]「V－3　デザイン推論」参照。

Ⅳ－5

意味の創造としてのデザイン理論
――モノと意味とのインタラクション

デザイン理論の五つ目のディスコースは、クラウス・クリッペンドルフ[1]の意味の創造の観点である。クリッペンドルフは、デザインを「モノに意味を与えること（making sense of things）」であると定義し[2]、その専門性を人工物の創造に関わるものから、その人工物に伴う「意味」に関わるものへと転じるデザイン理論を展開した[3]。

クリッペンドルフのデザイン理論は、それまでのデザイン理論の中で暗黙的に扱われてきた「モノ（object）」とその「意味（meanings）」のインタラクションに焦点を当てる。人々は、実際にはモノの物理的な質ではなく、モノの意味に基づいて理解や行動をする。サイモン[4]がそのデザイン理論で人工物をその中心的要素として捉えていたのに対して、クリッペンドルフはモノの持つ意味を核と捉え、人工物はそれを伝えるための媒介物であると考える。

クリッペンドルフが意味のデザイン理論を提唱した背景には、デザインの曖昧な専門性に対する問題意識があった。たとえば、クロス[5]の提唱した思考方法としてのデザイン理論[6]において、デザインには特有の知的文化があることが指摘されたが、これは

[1]「Ⅱ－2 デザイン・ドリブン・イノベーション」注[3]参照。

[2] Krippendorff, K. (2006) *The Semantic Turn; A New Foundation for Design*. Boca Raton: Taylor & Francis CRC Press.（小林昭世・西澤弘行・川間哲夫・氏家良樹・國澤好衛・小口裕史・蓮池公威訳 (2009)『意味論的転回――デザインの新しい基礎理論』エスアイビー・アクセス）

[3] Krippendorff, K. (1989) On the essential contexts of artifacts or on the proposition that "design is making sense (of things)". *Design Issues*, 5(2), 9-38.

その他の知的な職業との間に境界を引くものではなかった。つまり、デザイン理論のディスコースの中では、依然として普遍的な意味でのデザインやプロフェッショナルに広く共有される知的行為としてのデザインと、デザイン独自の専門性との間に明確な境界を引くことには成功していなかったのであった。

これに対してクリッペンドルフは、**デザインのための科学**（science for design）という三つ目の科学を提案して、その境界を引き直す。デザインのための科学とは、これまでデザインコミュニティの中で集積されてきた、成功したデザイン実践、手法、レッスンの体系的なまとまりである。これは、コミュニティの中で継続的にされてきた表現とその内省的な評価を通して、デザイン・プロフェッション自体の再生産を行う領域である。

クリッペンドルフは、この専門性の境界をディスコースとして捉えて、これを大胆に「転回」することを志向した。そしてそのデザインのディスコースは、人間中心性に位置づけられるべきであると述べた。

クリッペンドルフは、プロフェッショナルのデザインには、技術的合理性をもとにした技術中心のデザインと、ユーザーのコミュニティに対する理解をもとにした人間中心のデザインの二つの方向性があることを指摘した[2]（図Ⅳ－1）。

技術的合理性をもとにしたデザインは、デザイナーやクライアントが持つ

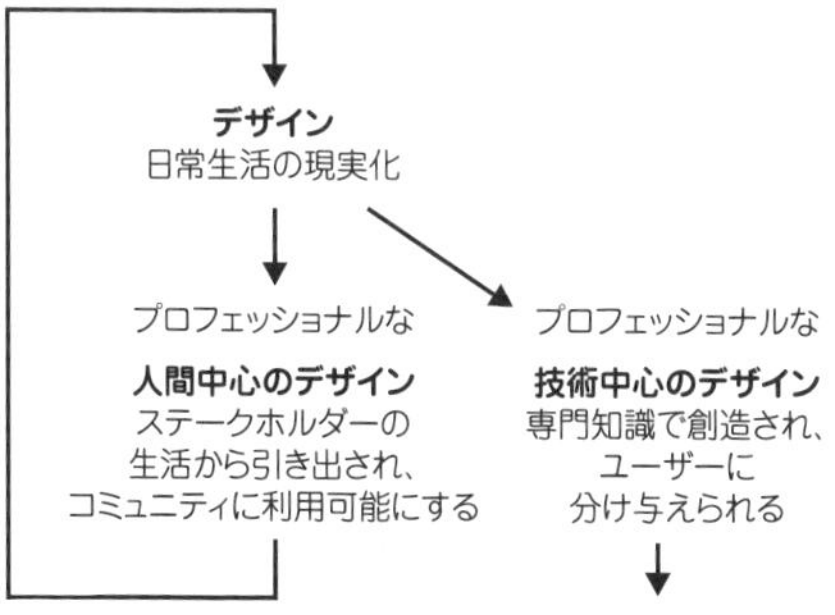

図Ⅳ－1　デザインの実践内の区分
（Krippendorff, 2006[2]）

[4]「Ⅳ－1　問題解決行動としてのデザイン理論」注［3］参照。

[5]「Ⅳ－1　問題解決行動としてのデザイン理論」注［10］参照。

[6]「Ⅳ－4　思考方法としてのデザイン理論」参照。

文脈に従い、改善の文脈でなされる。これはサイモン[7]で議論されてきた技術的合理性に基づくデザインの考え方に根付いている。

これに対して人間中心のデザインは、ユーザーのコミュニティやその他のステークホルダーとの間で形成される「意味」を対象にする。クリッペンドルフは、これまでの技術中心のデザイン理論を超えて、人間中心のデザイン理論への**意味論的転回**（The Semantic turn）を唱えた。

たとえば、クリッペンドルフは、以下のようにデザインの専門性を表現している。「デザインの思考の中心に意味を持って来ることで、デザイナーに独自の焦点を与え、他の分野が取り組まない専門的技術を与えることができる。さらに、この公理の疑いようのない明白さは、デザインの専門家たちに、彼らの活動を正当化するための堅固な修辞学的基盤を与える[8]」。

さらに、クリッペンドルフは自身のデザイン理論に**二次的理解**（second-order understanding）という概念を導入している。

二次的理解は、ユーザーやステークホルダー自身があることを理解すること（一次的理解）とは本質的に異なる。デザイナーが行う二次的理解は、「人々が理解していることを理解する」ということを意味している。自分以外の人々がどのように理解しているのかを理解することは、理解の理解であり、再帰的に他者の理解を自分の理解の中に埋め込んでいくことである。人間中心のデザインは、他者のためのデザインで

[7] Simon, H. A. (1969) *The Sciences of the Artificial*. MIT Press.（稲葉元吉・吉原英樹訳 (1999)『システムの科学 第3版』パーソナルメディア）

[8] Krippendorff, K. (2006) 訳書 (2009) 53.

あるため、この二次的理解に位置づけられるべきものである。

この人間中心のデザイン理論では、デザイナーとステークホルダーの異なる現象の理解を前提にし、二次的理解に関する洞察を得るという能力こそがその専門性の基盤となることが主張された。この考え方に基づくことによって、デザイナーがエスノグラフィー[9]や参与観察といった手法をなぜ用いるのかが説明でき、さらに分野横断的な方法論をデザインのプロフェッショナルに特有の知識として取り入れる根拠を示すことが可能となった。

[9]「V-7 エスノグラフィー」参照。

V　デザインの思想・態度・文化

V－1

参加型デザイン

——能動的存在としてのエンド・ユーザー

参加型デザイン（Participatory Design）とは、エンドユーザーが製品やサービスのデザインプロセスに積極的に関与することで製品のニーズを満たし、顧客やユーザーの視点からその使い勝手の良さをデザインしていく手法である。[1]

インターネットとソーシャルメディアの爆発的な普及は、社会全体に「参加の文化（participatory culture）」を育み、これまで明確に区別されてきた生産者、消費者、ユーザーといった境界を曖昧にしつつある。[2] さらに、このような参加の文化は、ＩＣＴ技術の発展によるシェアリングエコノミー、クラウドファンディング、デジタルメディアといった新たなユーザー参加のかたちを生み出し続けている。

また、これまで単に消費者と括られてきた人々は、３Ｄプリンター技術の発展等により自らを生産者として位置づけはじめている。生産者と消費者の垣根を越えた「プロ・デューサー（Producers）」や「プロ・シューマー（Prosumers）」といった造語が生み出され、従来の消費者、ユーザーは、今では生産者として次々と新たな製品やサービスを生み出している。

[1] Smith, R., Bossen, C. and Kanstrup, A. (2017) Participatory design in an era of participation. *CoDesign, 13*(2), 65-69.

[2] Jenkins, H. (2006) *Convergence Culture: Where Old and New Media Collide*. New York: New York University Press.

このような製品・サービスの開発過程にエンド・ユーザーをどのように巻き込んでいくかは、デザイン研究では「参加型デザイン」という研究領域として検討されてきた。

参加型デザイン研究のルーツは、１９６０~７０年代の北米やスカンジナビアの労働環境の問題にあるとされている。初期のスカンジナビアにおける研究プロジェクトでは、参加型デザインは労働者の職場を取り巻くテクノロジー環境に関して、労働者自身がこの開発、導入に積極的に参加していくことで、労働者の権利を得るといった労働闘争としての意味合いが強かった[3]。

つまり、これは新しい技術や機械を導入する際に、その責任体制に労働者が直接関与することを通じて、技術導入の正当性を高めようとする試みであったのである[4]。

このような背景からその理論化が進められてきた参加型デザインであるが、まだ立脚する理論や手法が存在していなかったため、そこに携わる研究者、ソフトウェアエンジニア、経営者、ユーザーといったさまざまなステークホルダーがお互いにアイデアを出し合い、研究領域そのものを発展させてきたという特徴を持っている。その後の多くの実践と研究蓄積を経て、現在ではステークホルダー同士の理解の架け橋となるような、デザインプロセス、手法が確立されている。そしてこのような発展のプロセスを通じて、参加型デザインの理論の立脚点である、**ステークホルダー同士の相互学習**という特性の獲得が可能となったのであった。

このように、参加型デザインは労働環境における問題を解決するためのプロジェク

[3] Bjerknes, G., Ehn, P., Kyng, M. and Nygaard, K. (1987) *Computers and Democracy: A Scandinavian Challenge*. Farnham: Gower Publishing.

[4] Suchman, L. (2002) Located accountabilities in technology production. *Scandinavian Journal of Information Systems* 14(3), 91-105.

トから始まったが、近年ではこの考え方がデザイン研究だけでなく、さまざまな分野に広がりを持ち、応用されている。特に、ビジネス分野においては、前述のＩＣＴ技術の発展に影響を受け、製品やサービスの開発にエンドユーザーを関与させる**共創**[5]（co-creation）の概念と共に取り入れられており、[6]その応用範囲の拡大が進んでいる。

経営学における従来の製品開発のパースペクティブ（物事に対する見方）では、企業は価値を生産する能動的な存在であり、顧客はその価値を消費する受動的な存在とされ、企業の説得の対象という考え方が中心であった。

しかし、この共創のパースペクティブでは、従来のように企業と顧客を対立した存在として捉えることなく、両者は新しいビジネス機会をインタラクションしながら共につくり出す存在として捉えられている。

共創の概念が学術界に広まったのはバーゴとラッシュ[7]の提唱した「**サービス・ドミナント・ロジック**（Service-Dominant Logic）」（製品のようなモノを中心に考えるのではなく、企業の持つ専門化されたナレッジやスキルといったサービスを中心に考える論理）の影響が大きいとされるが、ダリとガルバーニョ[8]によれば、その概念はサービス科学、イノベーションと技術経営、マーケティングとコンシューマー研究の三つの分野にわたって２０００年頃から同時的に研究蓄積がなされてきたという。

このように、参加型デザインや共創といった顧客、ユーザーの参加を促す視点は、現代ビジネスを理解するための鍵概念になりつつある。

[5] 企業と顧客による価値の共同創造。

[6] Prahalad, C. K. and Venkat Ramaswamy (2004) Co-creation experiences: The next practice in value creation. *Journal of Interactive Marketing, 18*(3), 5-14.

[7] Vargo, S. L., Paul, P. M. and Melissa, A. A. (2008) On value and value co-creation: A service systems and service logic perspective. *European Management Journal, 26*(3), 145-152.

[8] Dalli, D. and Galvagno, M. (2014) Theory of value co-creation: A systematic literature review. *Managing Service Quality, 24*(6), 643-683.

V−2 人間中心デザイン

——人間の価値観・経験の総合的な理解

人間中心デザイン（Human Centered Design）とは、その名称の通り人間に焦点を当て、その価値や経験を中心に据えたデザインの考え方のことである。[1] この人間中心デザインのルーツはエルゴノミクス[2]とコンピューター科学にあるとされる。

人間中心デザインの概念の形成には、大きく分けて欧州と米国における二つの潮流がある。

一つは、欧州で1980年代の半ばから始まった、イギリスの人間工学研究者であるブライアン・シャッケル[3]の研究の流れである。それまでさかんに行われていた人間の身体的、生理学的特性や知覚特性を扱うマンマシン・インタフェース（man machine interface）の研究に対して、シャッケルは人間の内的な側面の最適化を重視し、当時生活の中に普及しはじめていたさまざまな情報機器と親和性の高い人間工学を志向した。

もう一つは、米国の認知心理学者ドナルド・ノーマン[4]の認知工学研究の流れである。ノーマンの1988年の著書である『誰のためのデザイン？』[1]の中で、人間の

[1] Norman, D. A. (1988) *The Design of Everyday Things*. Basic Books; Rev. and expanded ed. (2013) Basic Books.（野島久雄訳 (1990)『誰のためのデザイン？——認知科学者のデザイン原論』新曜社；岡本明ほか訳 増補・改訂版 (2015) 新曜社）

[2] エルゴノミクスとは、ハードウェアやソフトウェアの使いやすさを設計すること、およびそれに関する分野のことである。

[3] Shackel, B. and Richardson, S. J. (1991) *Human Factors for Informatics Usability*, Cambridge University Press.

製品の使用の際の「分かりにくさ」を低減するためのデザイン方法論として提唱された。これは、周りの事物の正しい使用を促すように働きかける、**アフォーダンス**[5]（affordance）という概念を取り入れている。

このように人間中心デザインの考え方は、その概念形成の流れを異にしながらも欧米で同時的に起こり、その後世界中で人間中心のものづくりが推進されるきっかけとなった。それまでの技術中心のものづくりが生んだ、技術受容の困難性という弊害を、人間中心デザインという発想から解消することによって、日常的な機器の使いやすさ・理解しやすさといった点にまでデザインの対象領域を広げたのであった。

今日の人間中心デザインは、このエルゴノミクスの領域の枠を超えて、より広い文脈で捉えられている。人間中心デザインは、人々の自らの認識を超えたニーズや願望、経験を理解するためのコミュニケーション、インタラクション、共感、刺激を得る技法を基礎にしたデザイン領域を生み出し、新たなビジネス機会を発見するための手法として用いられている。

たとえば**インタラクションデザイン**（Interaction design）は、「製品やサービスを介して人と人がインタラクション（対話）することを手助けするための技術である。そしてまた、範囲を限定して言えば、何らかの『認識力』を持つ製品と人間とのインタラクションに関するものであるとも言える。認識力を持つ製品とは、人間に対して何らかの判断を行い、反応を返すことができるマイクロプロセッサを伴う製品のことで

[4]「Ⅱ-1　デザイン主導型イノベーション」注［4］参照。

[5]「Ⅴ-8　アフォーダンス」参照。

[6] Saffer, D.(2006) *Designing for Interaction: Creating Smart Applications and Clever Devices*, New Riders.（吉岡いずみ・ソシオメディア株式会社訳(2008)『インタラクションデザインの教科書』毎日コミュニケーションズ）引用は訳書14.

ある」[6]とされる。

　1990年にIDEO社のビル・モグリッジ[7]は、彼らが従来分けられてきたプロダクトデザインやコミュニケーションデザインといった分類とは異なるタイプのデザインに従事していることに気づき、これをインタラクションデザインと呼んだ。1990年代はインターネットやデジタル機器が社会に爆発的に普及しはじめ、このような機械と人とのインタラクションに焦点が当たった時代であった。

　インタラクションデザインの目的は、人間と人間のコミュニケーションや、コンピューター、携帯電話、デジタル機器等の人工的な機器と人間のコミュニケーションを促進することにある。そのためには、デザイナーは以下の姿勢を持つことが重要であるとされる[3]。

①ユーザーに焦点を当てる

デザイナーはエンドユーザーの目的達成を助けることを志向する。

②新しい選択肢を見つける

一つの課題に対して複数の選択肢を見つける。

③想像力とプロトタイプを用いる

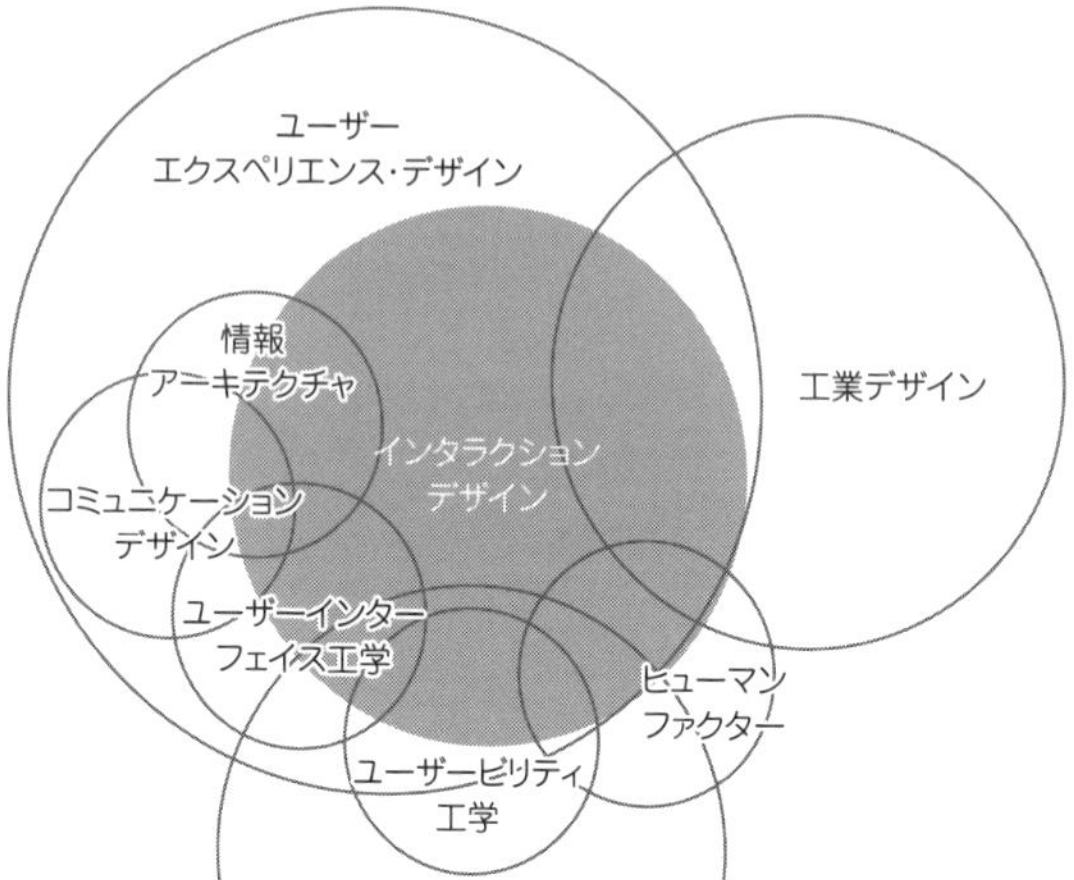

図V-1　インタラクションデザインに関わる専門分野（Saffer, 2006[6]）

[7] William Grant "Bill" Moggridge. 1943年生、2012年没。イギリス出身のインダストリアルデザイナー。デザインコンサルタント。国際的なデザインコンサルタント会社IDEOを創立。

ブレインストーミングを通して解決策を探し、プロトタイプでテストを行う。

④共同作業によって制約事項の明確化を行う

チーム・ワーキングを重視し、チームのリソースを活用する。

⑤妥当な解決策を生み出す

特定の時間とプロジェクトの制約内で、状況にあった「妥当」な解決策を生み出す。

⑥異分野の知識も統合する

心理学、エルゴノミクス、経済学の専門分野のアイデアをつなげて発想や解決策を得る。

⑦「感情」を介在させる

分析的な思考ではなく、感情を介在させる。

これらの姿勢は、近年ビジネス現場において注目を集める**デザイン思考**[8]にも共通している。デザイン思考は、人間に焦点を当てた「Desirability（望ましさ）」、「Viability（実行可能性）」、「Feasibility（実現可能性）」の三つのバランスを重視する（図V-2）。これらの重なる領域を追究し、イノベーション創出に取り組む人間中心デザインの手法が、デザイン思考の特徴である。

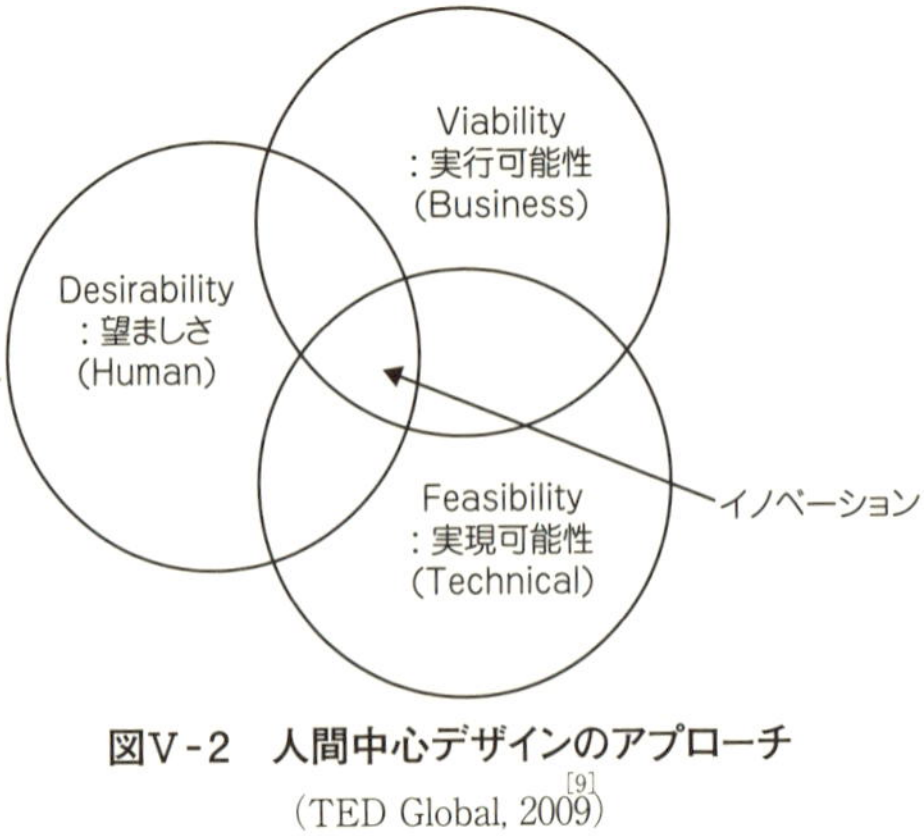

図V-2　人間中心デザインのアプローチ
（TED Global, 2009[9]）

[8]「Ⅲ-10　デザイン思考」参照。

[9] TED Global 2009. ティム・ブラウン「デザイナーはもっと大きく考えるべきだ」https://www.ted.com/talks/tim_brown_urges_designers_to_think_big?language=ja

V-3

デザイン推論

――二種類のアブダクション思考

いくつかの研究から確認できるように、デザインには思考法としての側面がある。研究分野では、これは**デザイン推論**（design reasoning）と呼ばれる。

一般的に推論には、「ディダクション（deduction 演繹推論）」と「インダクション（induction 帰納推論）」と「アブダクション（abduction 仮説推論）」の三つの方式があるとされている。

ディダクションとは、一般的な知識や普遍的な知識から、より具体的な知識を導く推論方法であり、いわゆる三段論法がこれに含まれる。たとえば、「すべての人間は死ぬ」という前提があり、「ソクラテスは人間である」という事実がある。そのため、「ソクラテスもまた死ぬ」と考える。これが三段論法を用いたディダクションである。

これに対して、**インダクション**の推論方式では、「ある暑い夏の日に、ビールがよく売れた」という事実に加えて、「気温が高い他の日も、ビールがよく売れた」という事実を得て、「気温が高い日にはビールが売れる」という仮説を導き出す。

では、三つ目の**アブダクション**はどのような推論方式をとるか。この理論を説明したチャールズ・S・パース[1]は、以下を例にアブダクションを説明している。「化石が発見される。それは、たとえば魚の化石のようなもので、しかも陸地のずっと内側で見つかったとしよう。この現象を説明するために、われわれは、この一帯の陸地がかつて海であったに違いないと考える。これも一つの仮説である。[2]」

このように、アブダクションによる推論は、「魚の化石が陸地で見つかる」という事実に遭遇したときに、「魚は海に生息する」という法則を借りることで、「この一帯の陸地がかつて海であったのではないか」という説明仮説を発見することでなされる。

インダクションとアブダクションの類似点は、双方ともに結果として仮説を生み出すことである。一方でその違いは、その仮説が「観察」から導かれるかそうでないかによる。たとえば先のビールの例で言えば、ビールの売り上げの法則は観察可能な事実を積み重ねて推理された法則である。それに対して化石の例では、実際に観察された事実が積み重ねられたわけではなく、他の法則を借りたある種の「発想の飛躍」があるである[3]。

デザイン学者のキース・ドースト[4]は、**デザイナーの思考**[5]の鍵となる概念は、**フレーミング**(framing)と呼ばれる活動にあると述べている。

たとえば、自分をオフィスビルの所有者であると仮定する。そのエレベーターは古くて遅く、待ち時間が長い。なかなか来ないエレベーターに、テナントから苦情が来ている。この問題をどう解決すべきかと問われれば、ほとんどの人は即座に強力なモ

[1] Charles Sanders Peirce. 1839年生、1914年没。アメリカの哲学者、論理学者、数学者、科学者。プラグマティズムの創始者。

[2] Peirce, C. S. (1970) *Collected Papers of Charles Sanders Peirce, I-VI*. C. Hartshorne and P. Weiss (Eds.), The Belknap Press. 引用は、II, 137.

[3] 「V－4　創造性」参照。

[4] Dorst, K. (2011) The core of 'design thinking' and its application. *Design Studies, 32*(6), 521-532.

[5] 「III－10　デザイン思考」参照。

ーターに取り替える等の案を出すだろう。
しかし、ビルの管理会社に連絡したところ、管理会社からは「エレベーターの横に鏡を取り付けなさい」という指示があった。人間は思わず見入るようなものが与えられると、時間が経つのを忘れがちになる。結果としてこのアイデアは、苦情を減らすのに極めて有効であることが明らかになった[6]。

この問題は、「エレベーターのスピードが遅い」という問題として設定されればそれを解決する方法はエレベーターを早くすることになるが、「待つのにイライラする」という課題として設定すれば、その解は待ち時間を短く感じさせるのに必要なアイデアになる。このように、問題解決を行う際に、人間はしばしば問題の枠組み自体を問い直すことで創造的なアイデアを生み出す。一般的にある問題状況に枠組みを当てることを「フレーミング（framing）」と言うが、このように問題の枠組みを問い直し、異なる枠組みへと変えることを**リフレーミング**（reframing）と言う。

ドースト[7]によれば、フレーミングは「枠組み」という容易に理解できる**メタファー**[8]で説明されるが、それは実際には問題状況の知覚、それを表現するためのコンセプトの選択、それを可能とする**動作原理**（working principle）の設定といった、非常に複雑な人間の認知過程・思考過程を含んだ活動である。問題状況をある視点から見て、その状況と結びついた動作原理を適用することで、結果として我々が欲している価値を生み出すことができる。

[6] Wedell-Wedellsborg, T. (2017) Are you solving the right problems? *Harvard Business Review*, *95*(1), 76-83.（「そもそも解決すべきは本当にその問題なのか」『ハーバード・ビジネス・レビュー』2月号 24-36.）

[7] Dorst, K. (2010) The nature of design thinking. *DTRS8 Interpreting Design Thinking: Design Thinking Research Symposium Proceedings*, 131-139.

[8]「V-5 メタファー」参照。

つまり、デザインの思考法とは、このフレームを用いて推論するアブダクションの形式であると言える。さらに、この推論の中には、さらに二通りのアブダクションの方法が存在している（図Ｖ－３）。

一つは、デザインの「問題解決（Problem-solving）」の側面を映し出したアブダクション形式である。この場合、我々は動作原理（How）と得られる価値（Value）は知っているが（フレーム）、何が作り出されるべきであるかはわからない。そのため、最も適したソリューションを生み出すためにこのフレームを当てて試行錯誤する（**アブダクション1**）。

もう一つは、目指すべき価値のみが明確である場合である。この場合、作り出すべきものも、動作原理であるシナリオもわからない。このような状況下では、ソリューションを生み出すためのアブダクション1と、インダクションを用いた動作原理の推論が同時に行われなければならない（**アブダクション2**）。現代のデザイン実践では、未知の問題に取り組むことが多く、このような特殊な形式の推論が必要とされる場合が多い。

このようなデザイナーに特有の思考・推論の方法で興味深いのは、問題の枠組み自体が間違っている・間違っていないということを測るすべはない、ということである。フレームを用いて仮のアイデアが提案され、期待する成果が十分に得られたときにはじめて、問題解決が成功するのである。

アブダクション 1				
???	+	**HOW**	leads to	**VALUE**
アブダクション 2				
???	+	**???**	leads to	**VALUE**
[thing]		[scenario]		[aspired]

図Ｖ-３　二種類のアブダクション推論方式

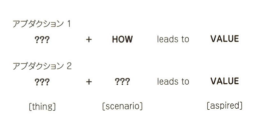

V−4

創造性

——アイデア発想への多様なアプローチ

デザインの思考過程に関する研究では、「**創造的な飛躍**（Creative Leap）」と呼ばれる突然現れる発想の〝ジャンプ〟が、優れたデザイン解を生み出すということが報告されている。[1] デザイナーやアーティストといった専門職は創造的であるイメージが強い。しかし、ここで言う「創造的」であるとは、一体どのような状態を指すのだろうか。

そもそも**創造性**という概念は、心理学、経済学、認知科学など非常に多様な分野において重要な概念であるとされているが、分野によって何が「創造的」であると考えるかが異なるために、その定義はさまざまであり、一概に理解することは難しい。[2] たとえば、創造性には、①個人特性としての創造性、②自己表現としての創造性、③ひらめき（moment of insight）としての創造性、④プロセスとしての創造性の四つの観点がある。[3]

①個人特性としての創造性

個人特性としての創造性の考え方では、創造性とは先天的に与えられたものであり、個人の持つ「才能」であるという認識に基づいている。この種の定義から始まる

[1] Cross, N. (2006) *Designerly Ways of Knowing*. Birkhaüser Basel.

[2] Kozbelt, A., Beghetto, R. A. and Runco, M. A. (2010) Theories of creativity. In J. C. Kaufman and R. J. Sternberg (Eds.), *The Cambridge Handbook of Creativity*, Cambridge University Press.

[3] Sawyer, R. K. (2017) Teaching and learning how to create in schools of art and design. *Journal of the Learning Sciences*, 27(1), 137-181.

研究には、個人の創造性を引き出すためのペーパーテストやツールの開発が目指される。ここでは、創造性とは個人に固定化された性質であり、それをどのように発揮させるかに焦点が当てられる。

②自己表現としての創造性

この見方は、創造性とは内なる声や潜在意識の「表現」であるという認識に基づく。人間が創造的になるプロセスとは、自己の回復、容認、変革である。

③ひらめきとしての創造性

この文脈では、創造性とは、新しいアイデアやソリューションを生み出す「ひらめき」であるという認識に基づく。拡散思考[4]（divergent thinking）やアナロジー[5]（類推）を駆使した思考過程を理解し、身につけることに焦点が当てられる。

④プロセスとしての創造性

プロセスとしての創造性の見方では、創造性とは、良い創造の「プロセスとそこからもたらされる成果」であるという認識に基づく。この種の研究では、新しいものを生み出す特徴的なプロセスに焦点が当てられる。

一方デザイン研究では、①デザインアイデア（デザインの成果物の創造性）と、②デザインをする人間の創造性（ひらめきとしての創造性）の二つが主要なテーマとして扱われる[6]。たとえば、スタンバーグとルバート[7]は、創造性を「新規で適切な成果を生み出す能力」であると定義している。前者の成果物の創造性は、この「新規で適切

[4] 論理性に捉われずに思いつく限りの選択肢を発散する思考法。

[5] アナロジーとは、ある物事を、その類似性に基づいて別の物事に当てはめて考える思考方法。

[6] 田浦俊春・永井由佳里(2010)「デザインの創造性と概念生成」『認知科学』*17*(1), 66-82.

[7] Sternberg, R. J. and Lubart, T. I. (1999) The concept of creativity: Prospects and paradigms. In R. J. Sternberg (Ed.), *Handbook of Creativity*. Cambridge University Press.

な成果」にあたるものであり、一般的に成果物がどの程度新しいものであるか（新規性）と、どの程度有用であるか（実現可能性と有用性）で評価される[8]。

後者のひらめきとしての創造性は、前述の定義の「生み出す能力」の部分にあたる。すなわち、創造的なものを産出する思考プロセスである。創造性が発揮されるプロセスとは、①問題の特定、②準備、③反応生成、④反応評価、⑤結果、からなり、このうちの反応生成の段階が創造性に大きく関係しているとされる[9]。

反応生成の段階では、知識中に存在する一見互いに無関係な要素同士の組み合わせがランダムに試みられ、そのうち最も新しく意味のありそうなものが選ばれ、そのアイデアが反応評価の段階へと進むことになる。その際に、人間はアナロジーや**メタファー**[10]、視覚化を用いてあらゆる結びつきを思考する。このような思考方法を用いることと成果物の創造性の高さには正の関係性があることが報告されている[8]。

デザインマネジメント[11]の観点からは、これらの個人の創造性に加えて、創造性を発揮させる環境をデザインする視点が必要となる。たとえば、アマビル[9]は、創造性が発揮されるプロセスの他に、課題に対するモチベーションの重要性を述べている。モチベーションは、トップマネジメントの奨励、上司の奨励、仕事集団の支援、仕事の裁量、十分な資源、挑戦的な仕事といった職場環境の要因に強く影響を受ける。このように、効果的な**組織デザイン**[12]を行うことは、組織成員が創造性を発揮することに大きく貢献する。

[8] Finke, R. A., Ward, T. B. and Smith, S. M. (1992) *Creative Cognition*. MIT Press.

[9] Amabile, Teresa M. (1996) *Creativity in Context*. Westview Press.

[10] 「V-5 メタファー」参照。

[11] 「I-1 デザインマネジメント」参照。

[12] 「I-6 組織デザインと人的資源管理」参照。

V－5

メタファー
――新たなコンセプトの伝達

認知科学におけるデザインを対象にした分野では、これまで主に意思決定思考としてのデザインに焦点が当てられ、研究が蓄積されてきた。その中でも中心的な研究の一つとされてきたのが、アイデアを生み出す段階で用いられる**メタファー**（隠喩）についてである。ここで、メタファーとは、「あるものをその対象と似ている別のものにたとえる表現方法」であり、Aをたとえるもの、Bをたとえられるものとしたとき、「AはBである」と表現する方法である[1]。

認知科学の分野では、人間の意思決定のような認知活動は、「認知主義モデル」というモデルを通して検討されてきた。これは、1950年代から徐々に形成されてきたものである。初期の認知モデルの理論は、認知とは脳内にある非形式的な象徴である抽象を取り扱うことであり、この抽象は感覚とは切り離されて、頭の中だけにあるものだとされていた。

このモデルはコンピューターのメタファーの影響を強く受けており、「問題を解く」ということに代表される分析的な論理的思考と、数学的思考が対象とされていた。デ

[1] 佐藤信夫ほか（2006）『レトリック事典』大修館書店

ザインの思考を対象にした最初期の研究者として位置づけられるハーバート・サイモン[2]は、デザインのアプローチを問題解決活動として捉え、「ボディのない情報プロセッサー（disembodied information processor）」というメタファーを用いてその認知モデルを説明している[3]。

認知科学の分野にメタファーの概念が取り入れられたのは、ジョージ・レイコフ[4]と、マーク・ジョンソン[5]の業績によるところが大きいとされている。その著書である、『レトリックと人生[6]』によれば、彼らの主張は、抽象的概念は認知主義モデルとは区別されるものであり、むしろメタファーこそが人間の経験と理解を構成している要素である、というものであった。

実際、我々はよく自分自身の経験の一部を、目の前のものごとの説明のために用いる。メタファーを用いることで自身の理解と経験を深く解釈し、ものごとのある側面を強調する（または覆い隠す）ことができる。

ゴールズシュミット[7]は、物理的なメタファーとしてのスケッチに着目し、「スケッチの弁証法（dialectics of sketching）」という言葉を用いてこれを説明している。彼女によれば、弁証法的とは、あるものを「として見る（seeing as）」と「ということを見る（seeing that）」の二つの間を行き来することである。

「あるものとして見る」は、メタファーを通したゲシュタルト知覚（点や線といった個別的な情報ではなく、全体の枠組みを通して行われる知覚）を指し、いわゆる「も

[2]「Ⅳ-1 問題解決行動としてのデザイン理論」注［3］参照。

[3] Huppatz, D. J.（2015）Revisiting Herbert Simon's science of design. *Design Issues, 31*(2), 37.

[4] George P. Lakoff. 1941年生。アメリカの言語学者。

[5] Mark L. Johnson. 1949年生。アメリカの哲学者。

[6] Lakoff, G. and Johnson, M. (1980) *Metaphors We Live By*. The University of Chicago Press.（渡部昇一・楠瀬淳三・下谷和幸訳 (1986)『レトリックと人生』大修館書店）

[7] Goldschmidt, G. (1991) The Dialectics of Sketching. *Creativity Research Journal, 4*(2), 123-143.

の見方」に関するものである。

一方で、「あるものということを見る」はメタファーから直面している命題にある特定の事実を探すことと定義されている。スケッチのような物質的なメタファーは、デザインだけでなく科学やアートといった創造的な活動を伴うさまざまな分野で用いられている。これは新しい発見やイノベーション、発明を生み出すための見方を提供する非常に重要な役割を担っている。

近年では、ニューロサイエンス（神経科学）や知覚心理学の領域においてもメタファーの概念が取り入れられており、身体的な認知との関係性も示されつつある。[8]

このメタファーという概念は、人々に自身の持つイメージを正確に伝えるためにも用いられる。そしてこれは、企業がユーザーに対して製品コンセプトを伝える際にも有効な手段であることがわかっている。

たとえば、スウォッチ[9]という腕時計ブランドは、時間を計る道具、宝飾品であるという認識の強かった腕時計を、「ネクタイのような腕時計」というメタファーを用いて新たなコンセプトを伝えることに成功した。[10] ネクタイは男性にとってファッションアクセサリーの意味合いが強く、十数本以上持っている人も多くいる。気分が乗らないときは赤いネクタイと共に自分自身の気持ちを引き締め、冷静にものごとを進めたいときは青いネクタイをして心を落ち着かせる。

このメタファーは、腕時計もネクタイと同じように、その日の気分や場合に応じて

[8] Lindgaard, K. and Wesselius, H. (2017) Once more, with feeling: Design thinking and embodied cognition. *She Ji: The Journal of Design, Economics, and Innovation*, 3(2), 83-92.

[9] Swatch（https://www.cnet.com/news/swatch-to-release-new-operating-system-for-smartwatches/ より）

[10] Verganti, R. (2017) *Overcrowded*. Harvard Business Press.（安西洋之・八重樫文監訳／立命館大学DML訳 (2017)『突破するデザイン』日経BP社）

自身をコーディネートすることができるのだということを表現しており、実際にさまざまなデザインが提案されている。

このように、製品のコンセプトを伝えるためにメタファーを用いて、提案する製品の方向性のイメージを共有することで、コンセプトが人々によりよく消化されるのである。

元来、欧米はメタファーを多用する文化であるとされる。イタリアの照明メーカーのアルテミデは、「彫刻品」というメタファーを用いることで、美しいランプのコンセプトを伝えている。アリストテレスは、「文化を変えるには、メタファーを変えなければならない」という言葉を残している。メタファーは、人々のものごとの捉え方・考え方を根本的に変化させる可能性をもっている。

V-6

プロトタイピング

——共通理解を築くツール

デザインプロジェクトの中では、ほとんどのデザイナーは何らかのツールを用いて状況とのインタラクションを行っている。たとえば、その場での思いつきや将来的な製品像を描く**スケッチ**[1]、データから何らかの関係性を切り取るための**ビジュアライゼーション・ツール**[2]、製品の感触を表現する**モックアップ**[3]、ソリューションの仮説や可能性を表現する**プロトタイプ**[4]などがそれにあたる。

これらのツールは、プロジェクトの始まりから終わりまでのさまざまな段階で用いられる。デザインツールの用い方は、大きく分けて、①個人がアイデアを開発するために用いるものと、②チームでアイデアや言語を共有するために用いるもの、の二つの種類がある。個人がアイデアを開発するために用いるものの代表的なツールはスケッチであり、デザイナー個人の創造的問題解決を支援するものである。チームでアイデアや言語を共有するために用いるもののツールはプロトタイプであり、プロジェクトチーム内の共通理解の構築を助ける仲介物として機能する。

そもそもデザイナーの問題解決は、**反復的**（iterate）なプロセスを経てなされる。[5]

[1] Goldschmidt, G. (1991) The dialectics of sketching. *Creativity Research Journal*, 4(2), 123-143.

[2] Shneiderman, B. (2001) Supporting creativity with advanced information-abundant user interfaces. In R. A. Earnshaw, R. A. Guedj, A. van Dam and J. A. Vince (Eds.), *Frontiers of Human-Centered Computing, Online Communities and Virtual Environments* (469-480). UK: Springer.

[3] Ehn, P. and Kyng, M. (1991) Cardboard computers:

まず、デザイナーは不確実な状況から取り組むべき課題のフレーミング[6]を行い、その定義をする。さらに、そこからこの問題に取り組むための仮説を導出する。その後、仮説に基づいたアイデアやプロトタイプをつくり、これを用いて実験していくことで少しずつ状況を改善していく。このような一連の活動を何度も繰り返し、最終的に望ましい状況をつくり出していくのがデザインの問題解決のプロセスである。図Ⅴ－４は、デザインの反復的なプロセスを表したものである。

このように、デザイナーは問題をはらんだ状況に対して仮説をつくり「問いかけ（inquiry）」ていくことでこれを明確化していく。

また、プロジェクトにはさまざまなステークホルダー、クライアント、ユーザーといった参加者が関わっている。その中での共通理解や対話を促すために、**デザイン思考**[7]や**サービスデザイン**[8]のアプローチでは多くのプロトタイプが用いられる。リノーら[9]は、仲介物としてのプロトタイプの役割を、以下の三つに定義している。

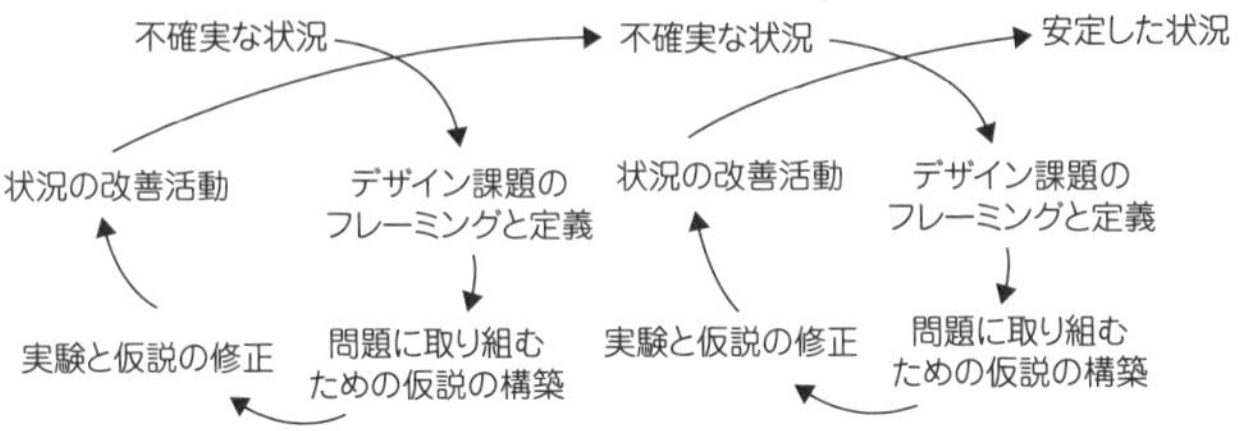

図Ⅴ-４　デザインの反復的なプロセス
（Dalsgaard, 2017[5]）

Mocking- it-up and hands-on the future. In J. Greenbaum and M. Kyng (Eds.), *Design at Work: Cooperative Design of Computer Systems* (169-195). Hillsdale, NJ: Lawrence Erlbaum Associates.

[4] Lim, Y. K., Stolterman, E. and Tenenberg, J. (2008) The anatomy of prototypes: Prototypes as filters, prototypes as manifestations of design ideas. *ACM Transactions on Computer-Human Interaction. 15*(2), 1-21.

[5] Dalsgaard, P. (2017) Instruments of inquiry: Understanding the nature and role of tools in design. *International Journal of Design, 11*(1), 21-33.

[6]「Ⅴ－３　デザイン推論」参照。

[7]「Ⅲ－10　デザイン思考」参照。

一つ目は、チームの中での相互作用や学習を促す知識の仲介物としての役割である。プロトタイプは、チーム内での理解度の違いによる不確実性と、個人のプロジェクトへの自信、およびチーム内の結合を高める役割を持っているとされ、チームの協働から得られるフィードバックを視覚的に表現することで、コンセプトや統一されたアイデンティティを構築することが可能であるとされる。

二つ目は、ユーザーとの相互作用を促す仲介物としての役割である。プロトタイプはユーザーとのインタラクションを直接デザイナーに見せることを可能にするため、そこから再度製品の価値を解釈することを可能にし、潜在的なユーザーとの距離を近づける。このような目的でプロトタイプを用いることにより、デザイナーはユーザーのコンテクストを素早く知ることが可能となる。

三つ目は、チーム外のパートナーと知識を共有する仲介物としての役割である。たとえば、プロトタイプは部門間の知識の統合を促す可能性がある。プロトタイプは、誰がいつ・何を見て、何を要求し・どう修正されたのかという点を明確にし、それによって組織フローや構造を解体し、再構築する可能性を持っている[10]。

さらにリノーら[9]は、デザイン思考のプロジェクトに参加する実践者が、どのようなプロトタイプを作成するのかについて明らかにするため、デザイン思考を推進するハッソ・プラットナー・デザイン研究所[12]で行われたプロジェクトへの参加と、デザイン思考実践者へのインタビューによって、五つのプロトタイプの項目を導き出した（表

[8]「Ⅲ-4 サービスデザイン」参照。

[9] Rhinow, H., Köppen, E., Moritz, J., Jobst, B. and Meinel, C. (2013) Prototypes for innovation: Facing the complexity of prototyping. *Proceedings of the 2nd Cambridge Academic Design Management Conference.*

[10] Schrage, M. (2006) Cultures of prototyping. In T. Winograd (Ed.), *Bringing Design to Software* (10:1-10:11). ACM Press, Retrieved.

[11] Sanders, E. B. N. (2013) Prototyping for the design spaces of the future. In: L. Valentine (Ed.), *Prototype: Design and craft in the 21st century* (59-74), London: Bloomsbury Academic.

[12]「Ⅲ-10 デザイン思考」の注［6］参照。

Ⅴ-1)。これらを段階的に用いることで、プロジェクト内外のステークホルダーとの共通理解を深めることができるとしている。

プロトタイピングはデザインに特有の手法の一つであるが、その用いられ方はさまざまな方向に向いている。サンダース[11]によれば、従来のデザイン分野におけるプロトタイピングは「それに何ができるか」を理解するためのものであったのに対して、近年のようにビジネスモデル開発に用いられるプロトタイプは、「未来に意味を見出す」役割を持つものであると指摘する。プロトタイプは単に製品の理解のための道具ではなく、新規性を開拓する未来の生活の仮説を表現し、テストするためのものでもある。

表Ⅴ-1　デザイン思考のプロトタイプの種類 (Rhinow *et al.*, 2013[9])

領域の名称	デザイン思考におけるプロトタイプの作成意図
Xplain (説明)	現状の問題点を理解するために作成されるプロトタイピング
Xternalize (表出化)	チームのアイデンティティや感情を具体的に形作るため、または曖昧で不明確な段階のアイデアを表現するためのプロトタイピング
Xperience (経験)	ユーザーの視点から、提案されたアイデアやソリューションをテストし、ユーザーが望むものであるかをチェックするためのプロトタイピング
Xplain to be (表現)	第三者がそれを見て、それぞれの文脈でどのように理解するかを確認するために、具体的なアイデアとソリューションを表現するためのプロトタイピング
Xploit (証明)	技術的、経済的な現実可能性を確認するために、機能をテストするためのプロトタイピング

Ｖ－７
エスノグラフィー
――ユーザーの生活場面のフィールドワーク

エスノグラフィー（Ethnography）は、文化人類学の手法の一つであり、いまやデザインに特徴的な手法の一つとしても数えることができる。

エスノグラフィーは、元来はフィールドワークを経て記述される「民族誌」という意味で使われていた。１９９０年代から２０００年にかけて、研究界・実務界双方からその方法論的な特徴が着目され、エスノグラフィーという言葉の「方法論」としての側面に目が向けられるようになった。エスノグラフィーとは、「ある社会的場（フィールド）における事象を、そこに固有の関係性の中で理解し、その理解を踏まえながら理論化を展開していく質的方法論の一つ[1]」である。

近年この質的研究方法としてのエスノグラフィーに注目が集まる背景には、多くの研究で指摘される社会的現実からの乖離に対して批判が高まっていることがあるとされる。たとえば、質的研究法を推奨するフリック[2]は、社会学や心理学などの分野での科学への傾倒、すなわち主流であった統計的研究の成果は、「まことに低い応用の可能性しかもたない」とこれを批判している。実際の社会的場に飛び込み、観察から仮

［1］小田博志（2009）「『現場』のエスノグラフィー――人類学的方法論の社会的活用のための考察」『国立民族学博物館調査報告』85, 11-34. 引用は14.

［2］Flick, U. (1995) *Qualitative Forschung*. Hamburg: Rowohlt Verlag.（小田博志・山本則子・春日常・宮地尚子訳（2002）『質的研究入門――「人間の科学」のための方法論』春秋社）

説を展開していくことは、新たな発見を促す非常に大きな力を持っている。

このような質的方法論への期待の高まりは実務界においても見られる。特に近年のビジネス環境では、これまでの科学的・量的な妥当性のみを重視する姿勢ではなく、顧客の感性や経験を質的に理解する姿勢の重要性が指摘されはじめている。

デザイン実践においては、エスノグラフィーは、消費者の生活の理解を促すために取り入れられている。文化人類学者の行うエスノグラフィーは、観察者自身が現地で生活を共にし、生活者の視点を手にいれていくことが必要なため、月単位や年単位での、長期的な調査を必要とする。一方で、デザインにおけるエスノグラフィーでは、長期的な生活に溶け込む代わりに、生活者のある行動場面を切り取り、ユーザーの実際の日常を観察し、そこから「洞察（insight）」を得るためにさまざまな手法を用いて生活の中の経験をサンプリングしていく。エスノグラフィーは、**人間中心デザイン**[3]に特有のアプローチとも言える。

一方で、デザインにおけるこのような手法は直接的に第三者が生活に介入して観察を行うために、しばしば「侵略的（invasively）」であるという批判がなされる。実際に文化人類学のエスノグラフィーは、対象とするフィールドの生活者との間に違和感なく溶け込むために、月・年単位での時間を必要とする。しかし、デザインにおいては、多くの場合プロジェクトのスケジュールが決まっており、全体プロセスの中で調査フェーズに十分なリソースが割けないことなどを理由に、文化人類学で行われるそ

［3］「V-2　人間中心デザイン」参照。

れのように長期的な調査を行うことは難しい。

しかし、文化人類学の手法がデザインにもたらす利点を活かし、このような制約に対処するための一つの手段として、デザイン分野では**カルチュラル・プローブ**（Cultural probe）と呼ばれる探索的な手法が提案されている。カルチュラル・プローブとは、デザイン研究者のゲイバーら[4]においで初めて報告されたリサーチ手法である。これはオランダ、ノルウェー、イタリアの一部の地域コミュニティに属する高齢者の影響力を高めるために行われた、EUファンドのプロジェクトを通して開発されたものであり、画期的なインタラクションデザインの技法として広まった。

プローブとは、「探り針」という意味の言葉である。カルチュラル・プローブは、プローブ・キットと呼ばれる道具一式を対象となる生活者に提供し、その生活をユーザー自身に記述してもらう方法をとる。キットの中には、ポストカード、地図、雑誌、インスタントカメラ、レコーダー、文章が書かれた紙、イメージ写真といった道具が入っている。ゲイバーら[4]は、参加者の文化、趣向、信念、願望といった生活の中の印象的な視点を得るためにこのキットをデザインした。たとえばポストカードには返信用にデザインチームの住所があらかじめ記載されている。そこにはいくつかの散発的で曖昧なイメージが描かれており、文化、環境、生活、テクノロジーに関する質問が書かれている。

また、挿入されている地図は、どの場所で人と会うか、一人になるか、行くことが

[4] Gaver, W. W., Dunne, A. and Pacenti, E. (1999) Cultural probe. *Interactions: New Vision of Human-Computer Interaction*, 6(1), 21-29.

できない場所はどこかといった情報を記述してもらうためのものである。カメラは参加者の趣向を把握するために用いられたり、キットの中に入っている小さなアルバムにストーリーを記述するために用いられる。

プローブ・キットを用いることで、デザイナーは生活者の生活や文化に関する印象的な情報を得て、実際の生活を垣間見ることができる。ゲイバーら[4]は、参加者から返還されたキットは、それぞれの地域の文化を土台とした、未来の可能性に対する議論を活性化させるものとして有用であったと述べている。

この手法には、イギリスのロイヤル・カレッジ・オブ・アート[5]のデザイン研究者であるアンソニー・ダン[6]も開発者の一人として関わっており、クリティカル・デザイン（「未来はこうもありえるのではないか」という可能性を提示し、問いを投げかける問題提起型のデザイン）の手法としても有用である。また、これは**参加型デザイン**[7]の一つの手法としても位置づけられており、特にマイノリティを対象にしたインクルーシブ・デザイン[8]（Inclusive Design）とは手法的にも相性が良いとされている。

デザインにおけるエスノグラフィーはさまざまなリサーチ手法を組み合わせた、生活者に対するリサーチ・アプローチを指す言葉である。しかし、現象に対して自身の経験や知識からもたらされる既存のフレームを持ち込むほど、生活者の持つ実際の文脈の理解からは離れていくことになる。適切な手法を用いることも重要であるが、生活者の視点を持って、現象を謙虚に受け止める姿勢が何よりも重要となる。

[5] Royal College of Art. ロンドンにある国立の美術系大学院大学。世界で唯一の美術系大学院大学として、修士号と博士号を授与している。

[6] Dunne, A. and Raby, F. (2013) *Speculative Everything: Design, Fiction, and Social Dreaming*. The MIT Press.（久保田晃弘監修・千葉敏生訳 (2015)『スペキュラティヴ・デザイン――問題解決から、問題提起へ。：未来を思索するためにデザインができること』ビー・エヌ・エヌ新社）

[7] 「V－1　参加型デザイン」参照。

[8] 高齢者、障がい者、外国人など、これまでデザインのプロセスから除外されがちであった多様な人々のニーズやライフスタイルを包含するデザインプロセス。「V－1　参加型デザイン」も参照。

V-8

アフォーダンス

――環境との間に生まれる行為の可能性

人間の日常的な行為をデザインするためには、**アフォーダンス**（Affordance）と呼ばれる概念を理解することが重要である。

アフォーダンスとは、環境と生き物との間にある行為の可能性、関係性を指す概念である。[1] これは知覚心理学者のジェームズ・J・ギブソン[2]による造語であり、「与える・提供する」という意味の **"afford"** という言葉から造られたものである。

人間は日々の生活の中で、環境の意味を読み取って行動している。アフォーダンスとは、ギブソンのたとえによれば、「もしも陸地の表面がほぼ水平で、平坦で、十分な広がりをもっていて、その材質が堅いならば、その表面は支えることをアフォードする」[3]といったようなことである。たとえば、川を渡ろうとする際には滑って川に落ちないように、私たちは十分に自分を支えてくれそうな石を判断し、選んで踏んでいく。これは、その石が私たちに踏むことをアフォードしている。

人間は普段からそういった場所を直感的に選んで歩くようにしている。このような環境がアフォードする情報は、行動と密接に関連しているのである。この考え方

［1］Gibson, J. J. (1979) *The Ecological Approach to Visual Perception*. Boston, MA: Houghton Mifflin.（古崎敬ほか訳 (1986)『生態学的視覚論――ヒトの知覚世界を探る』サイエンス社）

［2］James Jerome Gibson. 1904年生、1979年没。アメリカの心理学者。生態心理学の領域を切り拓いた。

［3］Gibson, J. J. (1979) 引用は訳書 137.

は、ユーザー中心デザインを提唱したドナルド・ノーマン[4]の著書『誰のためのデザイン？』[5]においてデザインの基礎理論として展開された。

ノーマンは、単に美しいだけの意匠としてのデザインではなく、シンプルで使いやすい製品をデザインすることの重要性を説き、「よいデザインとは何か」という定義の拡張を促した。このような考え方は、製品の使いやすさを表すユーザービリティや、製品と人間のインタラクションポイントであるユーザーインタフェースをデザインするといった視点として、新たなデザイン領域を形成した。

このように、まずギブソンによって概念化され、認知科学者のノーマンによって広く一般化したアフォーダンスの概念であるが、実はその広がりの中で、本来ギブソンが意図した意味ではない誤用が発生してしまったという経緯がある。

まず、ギブソンによるアフォーダンスの定義は、以下のようなものである。「環境のアフォーダンスとは、環境が動物に提供する（offer）もの、良いものであれ悪いものであれ、用意したり備えたりする（provide or furnished）もの[6]」。ギブソンの言う本来的なアフォーダンスは、観察者の要求にかかわらずただ行為の可能性として環境に存在しているものであり、観察者側の主観によって変化することはない。

しかしながらノーマンの説明では、アフォーダンスとは、「事物の知覚された特徴あるいは現実の特徴、とりわけ、そのものをどのように使うことができるかを決定する最も基礎的な特徴[7]」であり、周りの事物を知覚する際に、それが使われた過去の知

[4]「Ⅱ-1 デザイン主導型イノベーション」注［4］参照。

[5] Norman, D. A. (1988) *The Design of Everyday Things*. Basic Books; Rev. and expanded ed. (2013) Basic Books.（野島久雄訳 (1990)『誰のためのデザイン？――認知科学者のデザイン原論』新曜社：岡本明ほか訳 増補・改訂版 (2015) 新曜社）

[6] Gibson (1979) 訳書 140.

[7] Norman (1988) 訳書 14.

識や経験に基づいて起きる知覚であるとしている。さらにこれをデザイン理論へ持ち込んだ結果として、「アフォーダンスを付ける」といった表現がなされるようになり、あたかもデザイナーがこれ自体を操作可能なものであるかのように、その概念が広まることとなった。ギブソン本来の用法に従えば、アフォーダンスは常にそこに存在しており、デザイナーはそれを可視化することのみが可能なのである。

この誤用の問題は、後のノーマンにおいて訂正されることとなった[8]。それまでノーマンが用いてきたアフォーダンスの用語は、「知覚されたアフォーダンス（Perceived affordance）」と言い換えるのが正しいと訂正され、さらにその後の著書である『複雑さと共に暮らす[9]』では、これを**シグニファイア**（signifiers）という言葉で表現している。このシグニファイアは、記号学の用語であるシニフィアンを借用してつくられた造語であり、デザイナーにとって操作可能な記号的側面を持つものとして提案されることとなった。

熟練の猟師は、動物を捕まえるために獣道に罠をしかけるが、彼らはただ偶然に罠にかかるのを待つのではなく、「かけさせる」のであるという。熟練の猟師は、動物がその罠に足を踏み入れるように周りの環境を巧妙に操作し、これを踏み抜くようにデザインする。

［8］Norman, D. A. (1999) Affordance, conventions, and design. *Interactions*, 6(3), 38-43.

［9］Norman, D. A. (2010) *Living with Complexity*. The MIT Press.（伊賀聡一郎・岡本明・安村通晃訳 (2011)『複雑さと共に暮らす――デザインの挑戦』新曜社）

V－9

デザイン・アティテュード

――デザインとは態度である

タイポグラファー、グラフィックデザイナーのヘルムート・シュミット[1]は、以下のような言葉を残している。

「デザイナーがデザイナーたるのは、偶然の一致ではなく、継続によるものである。継続とは、働いて探索し、働いて闘い、働いて発見し、発見して見つめること、見つめて伝えること、そしてまた働いて探索することを繰り返すことである。デザイナーは過去・現在・未来に挑戦しなくてはならない。何より、デザイナーは自分に正直でなければならない。デザインとは態度である。[2]」

この言葉にあるように、デザイナーはデザイン実践を通して徐々にプロフェッショナルとしての態度を育んでいく。**デザインマネジメント**[3]では、このようなプロフェッショナル・デザイナーの持つ姿勢・態度的な側面は、**デザイン・アティテュード**（Design Attitude）という概念として提唱されている。

デザイン・アティテュードは、リチャード・ボランドとフレッド・コロピー[4]によって初めて定義された概念である。ボランドとコロピーは、彼らが所属するウェザーへ

[1] Helmut Schumid. １９４２年生、２０１８年没。

[2] Malsoy, V., Teufel, P. and Gejko, F. (Eds.) (2002) *Helmut Schmid: Gestaltung ist Haltung.* Birkhauser Architecture.

[3]「I－1 デザインマネジメント」参照。

[4] Boland, R. J. and Collopy, F. (2004) *Managing as Designing.* Stanford CA: Stanford University Press.

ッド・スクール・オブ・マネジメントにおいて、建築・インテリアデザインの専門家であるフランク・ゲーリー[5]とその事務所（ゲーリー・パートナーズ）との共同プロジェクトを経験し、そこから着想を得てこれを提唱した。

彼らはゲーリー・パートナーズとの共働の中で、ビジネススクールで一般的に考えられているようなマネジャーの意思決定のモデルや、彼ら自身が大学で教えている意思決定の手法とは明らかに異なるアプローチを用いた問題解決のプロセスを目の当たりにした。そしてこの彼らの独特のプロジェクトへの姿勢を概念化し、デザイン・アティテュードと呼んだ。このプロジェクトの後に、彼らは新たなマネジメント教育の一つの方向性としてこれを中心にした「デザイニングとしてのマネジング（Managing as Designing）」という理念を提唱し、マネジメント教育の観点からその理念を発展させていった。

彼らの問題意識には、米国のマネジメント教育の中で当然のように教育されている意思決定手法の「厳格性」と「（実践との）整合性」との間の乖離があった[6]。

伝統的なマネジメント教育に浸透している問題解決のための意思決定は、多くの分析ツールを用いて既存の選択肢の中から合理的な選択を行うことを目的としている。しかし、この意思決定方法の本質的な問題点は、マネジャーは「単に与えられた」選択肢から選択を行う受動的な存在であり、新たな選択肢を「つくる」ことには関与できないという点にある。

[5] Frank Owen Gehry. 1929年生。カナダ出身のアメリカの建築家。

[6] Boland, R. J. (2011) On managing as designig. In R. Cooper, S. Junginger and T. Lockwood (Eds.), *The Handbook of Design Management* (532-537). Berg.

このようなマネジャーの持つ態度は**ディシジョン・アティテュード**（Decision Attitude）と呼ばれる。これは、合理的な選択を行うためのさまざまなテクニックや手法に関連しており、すでに与えられた選択肢が存在する状態で始まる、受動的な意思決定者像を反映している。しかし、現実のマネジメント実践では、既存の選択肢の中から選ぶだけの意思決定状況はほとんど存在しない。

一方、ボランドとコロピーが提唱したデザイン・アティテュードは、異なる考え方を反映している。それは、問題の理解の仕方を再形成し、新たな選択肢の創出に関与する、より**アントレプレナーシップ**[7]に富んだ態度である。この場合、マネジャーは客観的、中立的な意思決定者としてではなく、状況を自ら変化させ、組織とステークホルダーにとって望ましい状況や選択肢をつくり出す存在として描かれる。

今日、急速に変化するビジネス環境の中で、イノベーションや新たな方向性を示すマネジメントの重要性が示されてきている。ビジネススクールに形式化された様式としての「意思決定としてマネジング（Managing as Decision Making）」だけでなく、彼らの著書のタイトルでもある、「デザイニングとしてのマネジング」に見られるような能動的な姿勢を育むことが求められている。

[7]「I-7　デザインプロセスとアントレプレナーシップ」参照。

ワードマップ
新曜社
デザインマネジメント論
ビジネスにおけるデザインの意義と役割

初版第1刷発行　2019年10月15日
初版第2刷発行　2024年1月15日

著　者　八重樫文
　　　　安藤拓生
発行者　塩浦　暲
発行所　株式会社　新曜社
101-0051　東京都千代田区神田神保町3-9
電話 (03)3264-4973(代)・FAX (03)3239-2958
e-mail : info@shin-yo-sha.co.jp
URL : https://www.shin-yo-sha.co.jp
組版所　Katzen House
印　刷　新日本印刷
製　本　積信堂

ISBN978-4-7885-1652-6 C1034

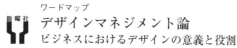

著者紹介

八重樫 文（やえがし　かざる）

立命館大学経営学部教授，立命館大学 DML（Design Management Lab）チーフプロデューサー。

武蔵野美術大学造形学部基礎デザイン学科卒業，東京大学大学院学際情報学府修士課程修了。デザイン事務所勤務，武蔵野美術大学造形学部デザイン情報学科助手，福山大学人間文化学部人間文化学科専任講師，立命館大学経営学部環境・デザイン・インスティテュート准教授，同経営学部准教授を経て，2014 年より現職。2015 年度・2019 年度ミラノ工科大学 DIG（Dipartimento di Ingegneria Gestionale（経営工学研究所））客員研究員。

安藤 拓生（あんどう　たくお）

東洋学園大学現代経営学部准教授，立命館大学 DML（Design Management Lab）研究員。

立命館大学経営学部環境・デザインインスティテュート卒業，立命館大学大学院経営学研究科企業経営専攻博士課程前期課程修了，同大学院経営学研究科博士課程後期課程修了。博士（経営学）。2018 年より現職。

人名索引

■マ行

■ヤ行

■ラ行

■ワ行

事項索引

■た行

■な行

■は行

■ま行

■や行

■ら行

参考文献

I　デザイン価値と組織能力

Acklin, C. (2013) Design management absorption model: A framework to describe and measure the absorption process of design knowledge by SMEs with little or no prior design experience. *Creativity and Innovation Management, 22*(2), 147 - 160.

Acklin, C. and Fust, A. (2014) Towards a dynamic mode of design management and beyond. *Proceedings of 19th DMI: Academic Design Management Conference*, 1908 - 1920.

Bennet, N. and Lemoine, G. J. (2014) What a difference a word makes: Understanding threats to performance in a VUCA world. *Business Horizons, 57*(3), 311 - 317.

Borja de Mozota, B. (2003) Design strategic value revised: A dynamic theory for design as organizational function. In R. Cooper, S. Junginger, and T. Lockwood (Eds.), *The Handbook of Design Management*. New York.

Chiva, R. and Alegre, J. (2007) Linking design management skills and design function organization: An empirical study of Spanish and Italian ceramic tile producers. *Technovation, 27*, 616 - 627.

Cooper, R., Junginger, S. and Lockwood, T. (2009) Design thinking and design management: A research and practice perspective. *Design Management Review, 20* (2), 46 - 55.

Farr, M. (1965) Design management: Why is it needed now? *Design Journal, 200*, 38 - 39.

Gregory, K. (1983) Native - view paradigms: Multiple cultures and culture conflicts in organizations. *Administrative Science Quarterly, 28*, 359 - 376.

本田宗一郎 (1996)『俺の考え』新潮社

岩倉信弥・長沢伸也・岩谷昌樹 (2001)「ホンダのデザイン・マネジメント ── 経営資源としてのデザイン・マインド」立命館経営学, *40*(2), 29 - 47.

Jevnaker, B.H. (1998) Building up organizational capabilities in design. In Bruce, M. and Jevnaker, B.H. (Eds.) *Management of Design Alliances: Sustaining Competitive Advantage*. John Wiley & Sons.

紺野登 (1992)『デザイン・マネジメント』日本工業新聞社

Kretzschmar, A. (2003). *The Economic Effects of Design*. Danish National Agency for Enterprise and Housing.

Liedtka, J., Rosen, R. and Wiltbank, R. (2009) *The Catalyst*. Crown Publishing Group.

Lockwood, T. (2009). Transition: How to become a more design - minded organization. *Design Management Review, 20*(3), 29 - 37.

Lorenz, C. (1987) *The Design Dimension: The New Competitive Weapon for Business*. Basil Blackwell.（野中郁次郎監訳／紺野登訳(1990)『デザインマインドカンパニー ── 競争優位を創造する戦略的武器』ダイヤモンド社）

March, J. G. (1991) Exploration and exploitation in organizational learning. *Organization Science, 2*(1), 71 - 87.

Martin, J. (2002) *Organizational Culture: Mapping the Terrain*. Sage.

Meyer, A. (2011) Embedding design practice within organizations. In R. Cooper, S. Junginger and T. Lockwood (Eds.), *The Handbook of Design Management* (187 - 201). Berg Publishers.

Michlewski, K. (2015) *Design Attitude*. Gower Publishing.

Miller, K. and Moultrie, J. (2013) Understanding the skills of design leaders. *Design Management Journal, 8*(1), 35 - 51.

長沢伸也・岩谷昌樹・岩倉信弥 (2005)「デザイン・マネジメントとデザイン・マインド」日本デザイン学会第52回研究発表大会, 18 - 19.

日経ビジネス (2016)「米、起業家はデザイナーの時代」『日経ビジネス』 6月13日号, 152.

O'Reilly, C. A. and Tushman, M. L. (2013). Organizational ambidexterity: Past, present, and future. *The Academy of Management Perspectives, 27*(4), 324 - 338.

Perks, H., Cooper, R. and Jones, C. (2005) Characterizing the role of design in the new product development: An empirically derived taxonomy. *Journal of Product Innovation Management, 22*, 111 - 127.

Sarasvathy, S. (2006) *Effectuation: Elements of Entrepreneurial Expertise*. Massachusetts: Edward Elgar Publishing.（加護野忠男監訳／高瀬進・吉田満梨訳(2015)『エフェクチュエーション ── 市場創造の実効理論』碩学舎）

Sen, Amartya K. (1985) *Commodities and Capabilities*. North - Holland.（鈴村興太郎訳（1988）『福祉の経済学 ── 財と潜在能力』岩波書店）

Stoimenova, N. and De Lille, C. (2017) Building design - led ambidexterity in big companies. *Proceedings of the 1st Design Management Academy Conference*, 415 - 432.

Teece, D.J., Pisano, G. and Shuen, A. (1997) Dynamic capabilities and strategic management. *Strategic Management Journal, 18*(7), 509 - 533.

Topalian, A. (2011). Major challenges for design leaders over the next decade. In R. Cooper, S. Junginger and T. Lockwood (Eds.). *The Handbook of Design Management* (379 - 397). Oxford, UK: Berg.

Turner, R. and Topalian, A. (2002) Core responsibilities of design leaders in commercially demanding environments. *Design Leadership Forum Inaugural Session*, London.

Veryzer, R. W. and Boriya de Mozota, B. (2009). The impact of user - oriented design on new product development: An examination of fundamental relationships. *Journal*

of Product Innovation Management, 22(2), 128 - 143.

・参考WEB

Design Council (2015)
(https://www.designcouncil.org.uk/news - opinion/design - process - what - double - diamond)

Ⅱ　デザインと技術の相互作用

Chesbrough, H. (2003) *Open Innovation: The New Imperative for Creating and Profiting from Technology*. Harvard Business School Press.（大前恵一朗訳 (2004)『Open Innovation ── ハーバード流イノベーション戦略のすべて』産能大出版部）

Christensen, C. M. (1997) *The Innovator's Dilemma: When New Technologies Cause Great Firms to Fail*. Harvard Business School Press.（玉田俊平太監修／伊豆原弓訳 (2001)『イノベーションのジレンマ ── 技術革新が巨大企業を滅ぼすとき』（増補改訂版）翔泳社）

Florida, R. (2002) *The Rise of the Creative Class: And How It's Transforming Work, Leisure, Community, and Everyday Life*. Basic Books.（井口典夫訳 (2008)『クリエイティブ資本論 ── 新たな経済階級の台頭』ダイヤモンド社）

Florida, R. (2005) *The Flight of The Creative Class*. Harper Collins.（井口典夫訳 (2007)『クリエイティブ・クラスの世紀 ── 新時代の国、都市、人材の条件』ダイヤモンド社）

Magistretti, S., Dell'Era, C., ÖBERG, Å. and Verganti, R. (2017) Managing technology development: A two steps process to discover new meanings. *Proceedings of the 1st Design Management Academy Conference*, 43 - 57.

Nanus, B. (1992) *Visionary Leadership*. Jossey - Bass.（産能大学ビジョン研究会訳 (1994)『ビジョン・リーダー ── 魅力ある未来像の創造と実現に向かって』産能大学出版部）

Norman, D. A. and Verganti, R. (2014) Incremental and radical innovation: Design research vs. technology and meaning change. *Design Issues, 30*(1), 78 - 96.

Tichy, N. M. and Devanna, M. A. (1986) *The Transformational Leader*. John Wiley & Sons.（小林薫訳 (1988)『現状変革型リーダー ── 変化・イノベーション・企業家精神への挑戦』ダイヤモンド社）

Verganti, R. and Shani, A. B. (2016) Vision transformation through radical circles: Enhancing innovation capability development. *Organizational Dynamics, 45*, 104 - 113.

Verganti, R. (2009) *Design - Driven Innovation*. Harvard Business Press.（佐藤典司・岩谷昌樹・八重樫文／立命館大学ＤＭＬ訳 (2016)『デザイン・ドリブン・イノベーション』クロスメディア・パブリッシング）

Verganti, R. (2017) *Overcrowded*. Harvard Business Press.（安西洋之・八重樫文監訳／

立命館大学ＤＭＬ訳『突破するデザイン』日経ＢＰ社）
von Hippel, E., Ogawa, S. and de Jong, P.J. (2011) The age of the consumer-innovator. *MIT Sloan Management Review, 53*(1), 27-35.

・参考WEB

InnoCentive
（https://www.innocentive.com/）
Designboom
（https://www.designboom.com/）
無印良品　IDEA PARK
（https://idea.muji.net/）

Ⅲ　戦略的デザイン

Baines, T. S., Lightfoot, H. W. and Evans, S., et al. (2007) State-of-the-art in product service-systems. *Journal of Engineering Manufacture, 221*(10), 1543-1552.
Beyer, H. and Holtzblatt, K. (1998) *CONTEXTUAL DESIGN: Defining Customer-Centered System*. Morgan Kaufmann.
Brown, T. (2008) Design thinking. *Harvard Business Review, 86*(6), 84-92.（「人間中心のイノベーションへ —— ＩＤＥＯデザイン・シンキング」『Diamond ハーバード・ビジネス・レビュー』2008年12月号 56-68. ダイヤモンド社）
Cautela, C., Simoni, M. and Zurlo, F. (2018) New wine in old bottles or new bottles for new wine? Product language approaches in design-intensive industries during technological turmoil. *Creativity and Innovation Management*, 1-15.
Clark, A. (1997) *Being There: Putting Brain, Body, and World Together Again*. Cambridge, MA: MIT Press.（池上高志・森本元太郎監訳 (2012)『現れる存在 —— 脳と身体の世界の再統合』ＮＴＴ出版）
Dell'Era, C. and Verganti, R. (2011) Diffusion processes of product meanings in design-intensive industries: Determinants and dynamics. *Journal of Product Innovation Management, 28*, 881-895.
古田健二 (2006)『第５世代のテクノロジーマネジメント —— 企業価値を高める市場ニーズと技術シーズの融合』中央経済社
Goedkoop, M. J., van Halen, C. J. G., teRiele, H. R. M. and Rommens, P. J. M. (1999) Product service systems: Ecological and economic basics. *Report for Dutch Ministries of Environment (VROM) and Economic Affairs (EZ)*, Netherlands: ricewaterhouse Coopers, Storm C. S. and Pre Consultants.
Grzelec, A. and Prata, T. (2013) *Artists in Organisations: Mapping of European Producers of Artistic Interventions in Organisations*. Creative Clash.
Hirschman, Elizabeth C. and Holbrook, M. B. (1982) Hedonic consumption: Emerging concepts, methods and propositions, *The Journal of Marketing*, 92-101.

Johansson - Sköldberg, U. and Woodilla, J. (2013) Relating the artistic practice of design to the design thinking discourse. *Proceedings of the 2nd Cambridge Academic Design Management Conference*.

Karjalainen, T. M. and A. Warell. (2005) Do you recognise this tea flask? Transformation of brand - specific product identity through visual design cues. *Proceedings of International Design Congress — IASDR 2005*, Taiwan, 31 October - 4 November.

Klemmer, S. R., Hartmann, B. and Takayama, L. (2006) How bodies matter: Five themes for interaction design. *Proceedings of the 6th Conference on Designing Interactive Systems*, 140 - 149.

Lockwood, T. (Ed.) (2009) *Design Thinking: Integrating Innovation, Customer Experience, and Brand Value* (3rd ed.). Allworth Press.

Maguire, M. (2001) Methods to support human - centred design. *International Journal of Human - Computer Studies, 55*, 587 - 634.

Manzini, E. (2015) *Design, Everybody Designs*. Boston: MIT Press.

Manzini, E. and Vezzoli, C. (2003) A Strategic design approach to develop sustainable product service system: Examples taken from the 'environmentally friendly innovation' Italian prize. *Journal of Cleaner Production, 11*, 851 - 857.

Martin, B. and Hanington, B. (2012) *Universal Methods of Design: 100 Ways to Research Complex Problems, Develop Innovative Ideas, and Design Effective Solutions*. Rockport.

松岡正剛 (2018)『デザイン知』角川ソフィア文庫

Meroni, A. (2008) Strategic design: Where are we now? Reflection around the foundations of a recent discipline. *Strategic Design Research Journal, 1*(1), 31 - 38.

南知恵子 (2010)「サービス・ドミナント・ロジックにおけるマーケティング論発展の可能性と課題」『国民経済雑誌』*201*(5), 65 - 77.

Murray, R., Caulier - Grice, J. and Mulgan, G. (2010) *The Open Book of Social Innovation*. London, UK: Young Foundation and Nesta, 3.

Pacenti, E. and Sangiorgi, D. (2010) Service design research pioneers: An overview of service design research developed in Italy since the 1990s. *Design Research Journal, 1*(10), 26 - 33.

Pecher, D. and Zwaan, R. A. (Eds.) (2005) *Grounding Cognition: The Role of Perception and Action in Memory, Language, and Thinking*. Cambridge University Press.

Pine II, B. J. and Gilmore, J. H. (1999) *The Experience EconomY: Work is Theatre and Every Business a Stage*. Harvard Business School Press.（岡本慶一・小高尚子訳 (2005)『[新訳] 経験経済 — 脱コモディティ化のマーケティング戦略』ダイヤモンド社）

Rogers, E. M. (2003) *Diffusion of Innovations*, fifth edition. New York: Free Press.（三藤利雄訳 (2007)『イノベーションの普及』第５版、翔泳社）

Sanders, E. B. N. (2008) On modeling an evolving map of design practice and design

research. *Interactions, 15*(6), 13 - 17.

Schmitt, B. H. (1999) *Experiential Marketing*. The Free Press.（嶋村和恵・広瀬盛一訳 (2000)『経験価値マーケティング』ダイヤモンド社）

Selloni, D. and Corubolo, M. (2017) Design for social enterprises：Co - designing an organizational and cultural change. *The Design Journal*, 3005 - 3019.

Stevens, J. and Moultrie, J. (2011) Aligning strategy and design perspectives: A framework of design's strategic contributions. *The Design Journal, 14*(4), 465 - 500.

上野直樹 (1999)『仕事の中での学習 ―― 状況論的アプローチ』東京大学出版会.

Valencia, A., Mugge, R., Schoormans, J. P. L. and Schifferstein, H. N. J. (2015) The design of smart product - service systems (PSSs): An exploration of design characteristics. *International Journal of Design, 9*(1), 13 - 28.

Vandermerwe, S. and Rada, J. (1988) Servitization of business: Adding value by adding services. *European Management Journal, 6*(4), 314 - 324.

Verganti, R. (2009) *Design - Driven Innovation*. Harvard Business Press.（佐藤典司・岩谷昌樹・八重樫文／立命館大学ＤＭＬ訳 (2016)『デザイン・ドリブン・イノベーション』クロスメディア・パブリッシング）

鷲田祐一編著 (2016)『未来洞察のための思考法 ―― シナリオによる問題解決』（ＫＤＤＩ総研叢書）勁草書房

Wise, R. and Baumgartner, P. (1999) Go downstream: The new profit imperative in manufacturing. *Harvard Business Review, 77*(5), 133 - 41.

八重樫文・後藤智 (2015)「アーティスティック・インターベンション研究に関する現状と課題の検討」『立命館経営学』*53*(6), 41 - 59.

Zulro, F. and Cautela, C. (2014) Design strategies in different narrative frame. *Design Issues, 30*(1), 19 - 35.

・参考WEB

DMI Design Value Index Results and Commentary
(https://www.dmi.org/page/2015DVIandOTW)

d.school
（https://dschool.stanford.edu/）

Family Follows Fiction
（http://www.gastronomiamediterranea.com/alberto - alessi/）

Young Foundation
（https://youngfoundation.org/）

Ⅳ　デザイン理論

Bayazit, N. (2004) Investigating design: A review of forty years of design research. *Design Issues, 20*(1), 16 - 29.

Buchanan, R. (1992) Wicked problems in design thinking. *Design Issues, 8*(2), 5 - 21.

Cross, N. (1984) *Developments in Design Methodology*. Wiley.

Cross, N. (1990) The nature and nurture of the design ability. *Design Studies, 11*(3), 127 - 140.

Cross, N. (1999) Design research: A disciplined conversation. *Design Issues, 15*(2), 5 - 10.

Cross, N. (2000) Design as discipline. In D. Durling and K. Friedman (Eds.), *Doctoral Education in Design: Foundations for the Future* (93 - 100). Staffordshire University Press.

Cross, N. (2011) *Design Thinking*. Berg.

Hatchuel, A. (2001) Towards design theory and expandable rationality: The unfinished programme of Herbert Simon. *Journal of Management and Governance, 5*(3 - 4), 260 - 273.

Johansson - Sköldberg, U. and Woodilla, J. (2013) Relating the artistic practice of design to the design thinking discourse. *Proceedings of the 2nd Cambridge Academic Design Management Conference*.

Krippendorff, K. (1989) On the essential contexts of artifacts or on the proposition that "design is making sense (of things)". *Design Issues, 5*(2), 9 - 38.

Krippendorff, K. (2006) *The Semantic Turn; A New Foundation for Design*. Boca Raton: Taylor & Francis CRC Press.（小林昭世・西澤弘行・川間哲夫・氏家良樹・國澤好衛・小口裕史・蓮池公威訳 (2009)『意味論的転回 ── デザインの新しい基礎理論』エスアイビー・アクセス）

Rittle, H. (1972) Son of rittelthink. *Design Method Group 5th anniversary report.*

Schön, D. A. (1983) *The Reflective Practitioner: How Professionals Think in Action*. Basic Books.（柳沢昌一・三輪建二訳 (2007)『省察的実践とは何か ── プロフェッショナルの行為と思考』鳳書房）

Simon, H. A. (1969) *The Science of the Artificial*. MIT Press.（稲葉元吉・吉原英樹訳 (1999)『システムの科学 第３版』パーソナルメディア）

Simon, H. A. (1984) The structure of ill - structured problems. In N. Cross (Ed.), *Developments in Design Methodology* (145 - 166). John Wiley & Sons.

V　デザインの思想・態度・文化

Amabile, T. M. (1996) *Creativity in Context*. Westview Press.

Bjerknes, G., Ehn, P., Kyng, M. and Nygaard, K. (1987) *Computers and Democracy: A Scandinavian Challenge*. Farnham: Gower Publishing.

Boland, R. J. 2011) On managing as designig. In R. Cooper, S. Junginger and T. Lockwood (Eds.), *The Handbook of Design Management* (532 - 537). Berg.

Boland, R. J. and Collopy, F. (2004) *Managing as Designing*. Stanford CA: Stanford University Press.

Cross, N. (2006) *Designerly Ways of Knowing*. Birkhaüser Basel.

Dalli, D. and Galvagno, M. (2014) Theory of value co - creation: A systematic literature

review. *Managing Service Quality, 24*(6), 643 - 683.

Dalsgaard, P. (2017) Instruments of inquiry: Understanding the nature and role of tools in design. *International Journal of Design, 11*(1), 21 - 33.

Dorst, K. (2010) The nature of design thinking. *DTRS8 Interpreting Design Thinking: Design Thinking Research Symposium Proceedings*, 131 - 139.

Dorst, K. (2011) The core of 'design thinking' and its application. *Design Studies, 32*(6), 521 - 532.

Dunne, A. and Raby, F. (2013) *Speculative Everything: Design, Fiction, and Social Dreaming*. The MIT Press.（久保田晃弘監修・千葉敏生訳 (2015)『スペキュラティヴ・デザイン ── 問題解決から、問題提起へ。: 未来を思索するためにデザインができること』ビー・エヌ・エヌ新社）

Ehn, P. and Kyng, M. (1991) Cardboard computers: Mocking - it - up and hands - on the future. In J. Greenbaum and M. Kyng (Eds.), *Design at Work: Cooperative Design of Computer Systems* (169 - 195). Hillsdale, NJ: Lawrence Erlbaum Associates.

Finke, R. A., Ward, T. B. and Smith, S. M. (1992) *Creative Cognition*. MIT Press.

Flick, U. (1995) *Qualitative Forschung*. Hamburg: Rowohlt Verlag.（小田博志・山本則子・春日常・宮地尚子訳 (2002)『質的研究入門 ── 「人間の科学」のための方法論』春秋社）

Gaver, W. W., Dunne, A. and Pacenti, E. (1999) Cultural probe. *Interactions: New Vision of Human - Computer Interaction, 6*(1), 21 - 29.

Gaver, W. W., Boucher, A., Pennington, S. and Walker, B. (2004) Cultural probes and the value of uncertainty. *Interactions - Funology, 11*(5), 53 - 56.

Gibson, J. J. (1979) *The Ecological Approach to Visual Perception*. Boston, MA: Houghton Mifflin.（古崎敬ほか訳 (1986)『生態学的視覚論 ── ヒトの知覚世界を探る』サイエンス社）

Goldschmidt, G. (1991) The dialectics of sketching. *Creativity Research Journal, 4*(2), 123 - 143.

Huppatz, D. J.（2015）Revisiting Herbert Simon's science of design. *Design Issues, 31*(2), 37.

Jenkins, H. (2006) *Convergence Culture: Where Old and New Media Collide*. New York: New York University Press.

Kozbelt, A., Beghetto, R. A. and Runco, M. A. (2010) Theories of creativity. In J. C. Kaufman and R. J. Sternberg (Eds.), *The Cambridge Handbook of Creativity*, Cambridge University Press.

Lakoff, G. and Johnson, M. (1980) *Metaphors We Live By*. The University of Chicago Press.（渡部昇一・楠瀬淳三・下谷和幸訳 (1986)『レトリックと人生』大修館書店）

Lim, Y. K., Stolterman, E. and Tenenberg, J. (2008) The anatomy of prototypes: Prototypes as filters, prototypes as manifestations of design ideas. *ACM Transactions on Computer - Human Interaction. 15*(2), 1 - 21.

Lindgaard, K. and Wesselius, H. (2017) Once more, with feeling: Design thinking and embodied cognition. *She Ji: The Journal of Design, Economics, and Innovation, 3*(2), 83-92.

Malsoy, V., Teufel, P. and Gejko, F. (Eds.) (2002) *Helmut Schmid: Gestaltung ist Haltung*. Birkhauser Architecture.

Norman, D. A. (1988) *The Design of Everyday Things*. Basic Books; Rev. and expanded ed. (2013) Basic Books.（野島久雄訳 (1990)『誰のためのデザイン？ ── 認知科学者のデザイン原論』新曜社：岡本明ほか訳 増補・改訂版 (2015) 新曜社）

Norman, D. A. (1999) Affordance, conventions, and design. *Interactions, 6*(3), 38-43.

Norman, D. A. (2010) *Living with Complexity*. The MIT Press.（伊賀聡一郎・岡本明・安村通晃訳 (2011)『複雑さと共に暮らす ── デザインの挑戦』新曜社）

小田博志 (2009)「『現場』のエスノグラフィー ── 人類学的方法論の社会的活用のための考察」国立民族学博物館調査報告 *85*, 11-34.

Peirce, C. S. (1970) *Collected Papers of Charles Sanders Peirce, I-VI*. C. Hartshorne and P. Weiss, (Eds.), The Belknap Press.

Prahalad, C. K. and Venkat Ramaswamy (2004) Co-creation experiences: The next practice in value creation. *Journal of Interactive Marketing, 18*(3), 5-14.

Rhinow, H., Köppen, E., Moritz, J., Jobst, B. and Meinel, C. (2013) Prototypes for innovation: Facing the complexity of prototyping. *Proceedings of the 2nd Cambridge Academic Design Management Conference*.

Saffer, D. (2006) *Designing for Interaction: Creating Smart Applications and Clever Devices*. New Riders.（吉岡いずみ・ソシオメディア株式会社訳（2008）『インタラクションデザインの教科書』毎日コミュニケーションズ）

Sanders, E. B. N. (2013) Prototyping for the design spaces of the future. In L. Valentine (Ed.), *Prototype: Design and Craft in the 21st Century* (59-74). London: Bloomsbury Academic.

佐藤信夫ほか (2006)『レトリック事典』大修館書店

Sawyer, R. K. (2017) Teaching and learning how to create in schools of art and design. *Journal of the Learning Sciences, 27*(1), 137-181.

Schrage, M. (2006) Cultures of prototyping. In T. Winograd (Ed.), *Bringing Design to Software* (10:1-10:11). ACM Press, Retrieved.

Shackel, B. and Richardson, S. J. (1991) *Human Factors for Informatics Usability*. Cambridge University Press.

Shneiderman, B. (2001) Supporting creativity with advanced information-abundant user interfaces. In R. A. Earnshaw, R. A. Guedj, A. van Dam and J. A. Vince (Eds.), *Frontiers of Human-Centered Computing, Online Communities and Virtual Environments* (469-480). UK: Springer.

Smith, R., Bossen, C. and Kanstrup, A. (2017) Participatory design in an era of participation. *CoDesign, 13*(2), 65-69.

Sternberg, R. J. and Lubart, T. I. (1999) The concept of creativity: Prospects and paradigms. In R. J. Sternberg (Ed.), *Handbook of Creativity*. Cambridge University Press.

Suchman, L. (2002) Located accountabilities in technology production. *Scandinavian Journal of Information Systems 14*(3), 91 - 105.

田浦俊春・永井由佳里 (2010)「デザインの創造性と概念生成」『認知科学』*17*(1), 66 - 82.

Vargo, S. L., Paul P. M. and Melissa A. A. (2008) On value and value co - creation: A service systems and service logic perspective. *European Management Journal, 26*(3), 145 - 152.

Verganti, R. (2017) *Overcrowded*, Harvard Business Press.（安西洋之・八重樫文監訳／立命館大学ＤＭＬ訳 (2017)『突破するデザイン』日経ＢＰ社）

Wedell - Wedellsborg, T. (2017) Are you solving the right problems? *Harvard Business Review, 95*(1), 76 - 83.（「そもそも解決すべきは本当にその問題なのか」『ハーバード・ビジネス・レビュー』2月号, 24 - 36.）

・参考WEB

Swatch
（https://www.cnet.com/news/swatch - to - release - new - operating - system - for - smartwatches/）

TED Global 2009. ティム・ブラウン「デザイナーはもっと大きく考えるべきだ」
（https://www.ted.com/talks/tim_brown_urges_designers_to_think_big?language=ja）